Rudolf Walter

Genießen – was schön ist und gut tut

RUDOLF WALTER

Genießen

Was schön ist und gut tut

Mit einem Vorwort von Anselm Grün

HERDER

FREIBURG · BASEL · WIEN

Ein einfach-leben-Buch

MIX
Papier | Fördert gute Waldnutzung
FSC® C014496

www.herder.de

Satz und Gestaltung: Gestaltungssaal, Rohrdorf bei Rosenheim
Umschlagmotiv: © Malte Mueller – GettyImages
Bilder im Innenteil: © Annandistock - GettyImages, Kateryna Chernetska – GettyImages, Malte Mueller – GettyImages, Nataliia Nesterenko – GettyImages, Olga Cherniak – GettyImages, Rinat Khairitdinov – GettyImages, SofiaV – shutterstock, titami29 – GettyImages, Wanlee Prachyapanaprai – GettyImages
Herstellung: GGP Media GmbH, Pößneck

Printed in Germany

ISBN: 978-3-451-03477-0
ISBN E-Book: 978-3-451-83254-3

Inhalt

Genießen – eine Kunst
Vorwort von Anselm Grün

Von der Lebenskunst gilt, wie von jeder Kunst, das Sprichwort: „Es ist noch kein Meister vom Himmel gefallen.“ Genießen ist aber eine Kunst, die man lernen und praktizieren kann. Jeden Tag ist Gelegenheit dazu.

Nicht alles, was uns von der Werbeindustrie als Genuss angeboten wird, ist es auch wirklich. Konsumieren ist kein anderes Wort für Genießen, auch wenn uns manche Marketingsprüche das einreden wollen. Auch wer glaubt, dass man sich alles kaufen kann, täuscht sich. Auf Kommando geht Genuss sowieso nicht. Und auch was zu viel ist, kann man nicht genießen. Um genießen zu können, braucht es nicht nur das rechte Maß – es braucht auch eine spirituelle Dimension. Die Spiritualität lehrt uns, dass nur der genießen kann, der auch verzichten kann.

Es läuft im Leben auch nicht immer alles nach unseren Wünschen. Aber immer wieder können wir uns mit neuen Augen und Ohren und mit allen Sinnen auf das Leben einlassen und auf das achten, was wir gerade tun oder empfangen.

Wenn ich sage, dass uns heute die spirituelle Dimension des Genießens abhandengekommen ist, meine ich damit nicht, Spiritualität sei etwas Unsinnliches. Ganz im Gegenteil: Denn Genießen hat vor allem mit den Sinnen zu tun. Erfahrungen in der Natur sind wichtig. Ich genieße das Schauen einer schönen Landschaft. Ich genieße es aber auch, wenn ich ganz im Schauen eines schönen

Bildes aufgehe. Ich schaue dann nicht, um zu beurteilen, sondern um eins zu werden. Das Schöne zu schauen tut der Seele gut. Da fühlt sie sich daheim, dabei kommt sie in Berührung mit ihrer eigenen Schönheit. Die Erfahrung der Schönheit befreit uns aber auch vom Kreisen um uns selbst, sie ermöglicht Beziehung und befähigt uns zur Liebe.

Wir sprechen auch vom Hörgenuss. Ich genieße das Hören einer schönen Melodie. Ich überlasse mich ganz dem Hören und vergesse mich darüber selbst. Ich lasse die Musik in mich eindringen, werde eins mit ihr und spüre mich auf neue Weise. In mir klingt die Melodie nach. Das vertreibt negative Schwingungen meiner Seele. Und ich höre dann vielleicht sogar das Unhörbare, werde auf diese Weise selbst in ein Geheimnis hineingenommen.

Wir genießen ein gutes, schmackhaftes Essen. Wir genießen den Wein, den wir bewusst trinken. Der Gierige vermag nicht zu genießen. Er muss immer mehr haben. Genießen braucht aber Langsamkeit. Ich lasse mir Zeit, die Speisen zu genießen. Und ich bin ganz beim Schmecken. Der Religionsphilosoph Walter Schubart spricht von der „Wollust des Schmeckens". Sie bewirkt „eine Ekstase, die sich vom Gaumen aus über den Menschen ergießt" (Walter Schubart, *Religion und Eros* 135). Und der französische Schriftsteller Marcel Proust erzählt von einer mystischen Erfahrung beim Essen eines süßen Kuchens: „In der Sekunde nun, als dieser mit dem Kuchengeschmack gemischte Schluck Tee meinen Gaumen berührte, zuckte ich zusammen und war wie gebannt durch etwas Ungewöhnliches, das sich in mir vollzog. Ein unerhörtes Glücksgefühl, das ganz für sich allein bestand und dessen Grund mir unbekannt bliebt, hatte mich durchströmt." Solche Erfahrungen kann man nicht einfach machen. Sie geschehen. Die Voraussetzung dafür aber ist, dass wir ganz im Essen und Genießen sind, uns ganz auf das Schmecken einlassen.

Genießen bezieht sich auch auf das Riechen. Wir riechen gerne ein angenehmes Parfum. Das Riechen verbindet uns mit intensiven Gefühlen, die wir in der Vergangenheit hatten. Wenn ich Heu rieche, vergegenwärtige ich den ersten Urlaub, den ich als Kind mit unserer Pfarrjugend machen durfte. Ich rieche den Wald, ich rieche eine bestimmte Landschaft. Ich liebe den charakteristischen Geruch, der etwa eine sonnige toskanische Landschaft prägt. Und ich liebe auch den Geruch von Weihrauch, der einer Kirche einen eigenen Duft verleiht.

Ich betaste auch gerne einen weichen Pullover, den ich anziehe. Ich genieße es, einen schönen Holztisch zu berühren. Und ich genieße es, wenn ich die zarten Hände eines kleinen Kindes betaste. Liebende genießen es, wenn sie einander die Haut streicheln. Im Tasten berühre ich einen Menschen, eine Blume, eine weiche Wolle. Und indem ich berühre, komme ich in Berührung mit mir selbst, mit den guten Gefühlen von Liebe, Zärtlichkeit und Freude.

Damit ich das Schauen, das Hören, das Schmecken, das Riechen und das Betasten genießen kann, braucht es Achtsamkeit und Hingabe. Ich lasse mich ganz auf das ein, was ich schaue, höre, schmecke, rieche und betaste. Ich vergesse mich selbst, also auch mein Ego. Das Genießen will nicht besitzen. Es will erfahren, erleben. Da geht es nicht um schnelle und laute Erlebnisse, sondern um ein inniges, intimes Erleben, bei dem ich ganz bei mir bin und ganz bei dem, was ich wahrnehme. Wer alles konsumieren will, der genießt nicht. Er verschlingt das Essen, das Bier und die Events. Aber er ist nicht bei sich. Er muss die innere Leere damit ausfüllen, dass er etwas in sich hineinschlingt.

Genießen braucht daher auch Verzichten. Wer nicht verzichten kann, kann auch nicht genießen. Daher hat die christliche Tradition vor die großen Feste ein Fasten gesetzt. Die Fastenzeit bereitet uns vor, damit wir an Ostern dann umso intensiver das Festmahl genießen können.

Auch Maß ist wichtig. Wer ein Bier nach dem anderen trinkt, wird einen schweren Kopf bekommen. Wer den Wein nur in sich hineinschüttet, betäubt sein Genussvermögen. Wer zu viel isst, der ärgert sich am nächsten Tag, dass er nicht richtig schlafen konnte. Oder aber er fühlt sich zu satt. Hildegard von Bingen hat einmal gesagt, Disziplin sei die Kunst, sich immer freuen zu können. Ich kann mich am Genuss des Weines nur freuen, wenn ich ihn in Maßen trinke. Und ich kann mich an der Süßspeise nur freuen, wenn ich mich damit nicht vollstopfe und aufhöre, wenn es am besten schmeckt. Disziplin entspringt der inneren Freiheit und der Kunst des Genießens. Das hat Hildegard von Bingen verstanden.

Auch Zeit ist wichtig. Mit dem schnellen „Kick" ist es nicht getan. Es braucht nicht viel zum Genießen, aber Zeit sollte man sich lassen. Genießen kann man nicht hastig. Wenn man die Zeit hat, dann lässt man auch den Geschmack des Käses und die Aromen des Weines auf der Zunge zergehen. Zeit meint auch, dass wir den Rhythmus des Lebens wahrnehmen und genießen: Wir sprechen davon, dass wir unseren Schlaf genießen. Ich genieße meinen Mittagsschlaf. Und ich genieße es, wenn ich nach einer anstrengenden Tätigkeit mich zehn Minuten aufs Bett lege und mir vorsage: Ich muss jetzt gar nichts tun. Ich liege einfach da. Ich genieße die Schwere der Müdigkeit. Danach kann ich dann auch wieder die Arbeit genießen.

Andere erzählen, dass sie den Ruhestand genießen, dass sie die Muße genießen, die sie sich im Ruhestand gönnen. Die griechischen und römischen Philosophen haben die Muße gepriesen. Die Muße zu genießen war für sie ein Zeichen für die Würde des Menschen, der nicht verzweckt werden darf, sondern sich frei fühlt, sich auf das einzulassen, was ihm Freude bereitet. Ich kenne auch alte Menschen, die ihr Altsein genießen. Ich selber genieße auch mein Altsein. Es befreit mich von dem Druck, mich beweisen zu müssen, etwas leisten zu müssen. Ich genieße es, einfach sein zu dürfen, ohne Druck, mich darstellen, mich rechtfertigen, mich beweisen zu müssen.

Genießen hat mit Spiritualität zu tun. Das Ziel des geistlichen Lebens – so sagen es die mittelalterlichen Theologen – ist die *fruitio Dei*, das Genießen Gottes. Wenn das Genießen Gottes das Ziel unseres Lebens ist, dann steckt dahinter ein anderes Gottesbild und Menschenbild, als es in weiten christlichen Kreisen üblich ist. Es ist nicht in erster Linie der fordernde Gott, sondern der Gott, der für den Menschen den höchsten Genuss bedeutet. Und das führt auch zu einem anderen Selbstbild. Nicht der Asket, der auf alles verzichtet, sondern der Mensch, der fähig ist, zu genießen, leuchtet in dieser Theologie auf. Die Frauenmystik des Mittelalters hat das verstanden. Sie war eine Mystik der dulcedo Dei. Die Frauen schmeckten Gottes Süßigkeit vor allem in der Eucharistie, im Essen des Brotes und im Trinken des Weines. Da spürten sie mit allen Sinnen die Süßigkeit Gottes. Gott war also für diese Frauen vor allem einer, der einen angenehmen, süßen Geschmack hat und den man im Essen und Trinken genießen kann. Und diese spirituelle Erfahrung hatte auch Auswirkungen auf das Mahl, das sie vor allem an Festtagen miteinander ausgiebig feierten und genossen.

„Wer nicht genießen kann, wird ungenießbar“, sagt das Sprichwort. Es will also gelernt sein, das Genießen. Es braucht Zeit, Ruhe, Achtsamkeit, die Fähigkeit, sich ganz auf etwas einzulassen, ganz im Augenblick zu sein, ganz im Schauen, im Hören, im Riechen, Schmecken und Betasten. Wer gelassen ist, kann den Augenblick genießen. Gelassen heißt auch: frei von dem Druck, alles Mögliche erleben zu wollen. Genuss heißt: Ich erfahre das Leben in Fülle. Ich spüre: Mehr gibt es nicht.

So wünsche ich den Lesern und Leserinnen dieses Buches, dass sie wieder in Berührung kommen mit dem Genießen, das sicher jeder immer wieder in seinem Leben erfahren hat, das wir aber manchmal in der Hektik des Alltags vergessen. Genießen Sie die Gedanken in diesem Buch. Genießen Sie die Zeit, die Sie sich für das Lesen nehmen. Und genießen Sie das Lesen, in dem Sie in eine andere Welt eintauchen, in die Welt der Freude, der Freiheit und Lebendigkeit und in eine Welt der Liebe. Denn es ist letztlich immer Liebe, die wir genießen.

Einleitung

Rabbi Chiskija und Rabbi Kohen lehrten beide im Namen Raws: „In der eschatologischen Zukunft muss der Mensch Rechenschaft ablegen über alles, woran sein Auge Gefallen fand und was er trotzdem nicht genoss."

(Jakob J. Petuchowski, Ferner lehrten unsere Meister, 88)

Wenn sich einer wissentlich des Weines so sehr enthielte, dass er damit seine Gesundheit schwer belasten würde, so wäre er nicht frei von Schuld.

(Thomas von Aquin, Summa theologica II^{a}II^{ae}, q. 150, a. 1)

Genießen – darf man das heutzutage guten Gewissens? Man denkt an sogenannte „Lebenskünstler", die es sich – immer nach dem Motto „Man gönnt sich ja sonst nichts!" - exzessiv gut gehen lassen und ständig Angst haben, etwas zu verpassen, die in ihrer Gier nur sich sehen – „Ich! Ich! Ich!". Aber wer die Augen verschließt und den Hals nie vollkriegt, ist kein Genussmensch.

Und, ja, jemand kann auch Macht über andere genießen. Oder sogar den eigenen Hass. Man kann sich selbst in sein Leiden verlieben. Aber mit wirklichem Genuss hat das so wenig zu tun wie echte Freude mit Schadenfreude, die andere niedermacht – wie genüsslich auch immer.

Manche haben auch ein schlechtes Gefühl, weil das Genießen heutzutage fast zur Pflicht verkommen ist. „Genieße den Tag!" Das stand früher auf Sonnenuhren. Heute ist „Carpe diem" der Name einer Reiseagentur. Im Angebot, natürlich: Genussurlaub. Wer seinen teuren Aufenthalt nicht genießt – selber schuld. Die Genussmittelbranchen boomen. Bei Werbung für Kinderschokolade fängt es an: „So geht Genuss. Lebe deinen Genuss – mit Mandelstückchen." Und es geht bis zum „Genießen Sie Ihr Alter!" – in der teuren Seniorenresidenz. Und was soll man zwischendrin nicht sonst noch alles genießen – immer gegen Bares natürlich. Man merkt die Absicht und ist verstimmt.

Früher war es oft umgekehrt. Selbstlose Pflicht ging über alles. „Etwas lernen. Etwas leisten. Etwas auf die hohe Kante legen": Mit diesem ziemlich freudekargen Dreisatz zum rechten Leben sind viele groß geworden. Und noch heute sagen manche: „Ich kann nicht genießen. Ich hab's nicht gelernt." Arbeit war wichtig. Ruhe hatte ihren Wert als Erholung für neue Pflichten, neue Aufgaben.

Aber warum soll Arbeit nicht auch Freude machen? Warum sich nicht nach der Anstrengung selber etwas gönnen? Gerade einen Erfolg kann man schließlich auch genießen. Und lernen, dass Arbeit nicht alles ist.

„Das Unglück kommt, wenn man es ruft", heißt es in China. Aber auch das Glück kommt nicht von selber. Man muss es ebenfalls rufen, muss etwas dafür tun. Klar, es gibt Hässliches. Und vieles ist nicht gut in der Welt. Aber warum den Blick darauf verengen? Mit allen Sinnen leben meint: Ich sehe auch das andere, ich höre, fühle und spüre auch das, was mich heiter stimmt und mit Freude erfüllt. Freude ist schön und tut gut. Genießen ist das aktive Widerlager der Freude, ihr Pendant.

Dieses Buch zeigt bei aller Vielfalt natürlich nur eine Auswahl. Vieles kann man selber und individuell ergänzen, hinzufügen aus eigener Erfahrung: Liebe, Sexualität und Erotik, aber auch Abstand, Rückzug und Alleinsein. Nicht nur dem Fahrrad könnte man ein Kapitel widmen, sondern auch einer weniger anstrengenden Reise mit dem Zug. Sogar der Verspätung kann man etwas abgewinnen. Die Liste lässt sich beliebig fortsetzen …

Man kann nicht ständig genießen. Aber immer wieder. Wer etwas genießt, spürt: Alles stimmt in diesem Moment für mich, Äußeres und Inneres. Ich will nichts anderes machen. Kein Ort, wo ich lieber wäre. Schön, dass ich mit diesem Menschen zusammen bin. Genießen heißt auch: sich solcher Situationen bewusst sein, in denen man Ja sagen kann zu sich und der Welt. Also dem zustimmen, was da – und schön und gut – ist. Das meint nicht, sich das Leben schönzureden. Aber eben auch, sich nicht auf das zu fixieren, was gerade nicht so positiv ist oder was fehlt. Sondern das, was jetzt das Gute und Schöne ist, bewusst wahrzunehmen. Und es sich bewusst zu gönnen und Räume dafür zu schaffen. Studien der Psychologinnen Katharina Bernecker und Daniela Becker (von den Universitäten Zürich und Njimegen) haben gezeigt, dass die Lebenszufriedenheit steigt, wenn man wohlwollend sich selber gegenüber ist. Für ein erfolgreiches Leben, so die Forscherinnen, ist es wichtig, die Balance zu finden zwischen den Anforderungen des Alltags, auch notwendiger Selbstkontrolle – und der Fähigkeit, Freude zu erleben. Personen mit geringer Genussfähigkeit sind demnach sogar eher suchtgefährdet.

Natürlich: Vieles ist bedrückend. Aber: Auf wie viel kann man sich auch freuen, für wie viel dankbar sein! Das

Blaue vom Himmel. Der erste Schluck Kaffee am Morgen. Humor. Freundlichkeit und Liebe. Fröhliche Kinder. Schuhe, die nicht drücken. Gute Bücher. Musik auf jeden Fall. Sogar Kartoffelsalat. Oder eine dicke Tomatensuppe. Ein Bett, wenn man müde ist…

Ein Leben ohne Genüsse dauert auch nicht länger, hat jemand gesagt. Es kommt einem nur länger vor!

Genießen ist ein unendlich vielseitiges Vergnügen. Widersprüche, auch Gegensätze schließt diese Liebe zum Leben ein: Anfangen und Aufhören. Das Mühselige, aber auch das Unverhoffte. Alltag und Fest. Ein Abend auf dem Sofa oder die Begegnung mit Freunden. Bauernbrot und Kaiserschmarren, süße Schokolade, saure Gurken. Hände, die zärtlich streicheln oder kräftig zupacken …

Von der Kindheit bis zum Alter kann genießen, wer einfach *lebt*.

Einfach leben – darum geht bei diesem Kaleidoskop einfacher Freuden. Weder um originelle Gedanken noch um Vollständigkeit, sondern schlicht darum, die Aufmerksamkeit auf das zu lenken, was unmittelbar vor uns liegt und woran man sich mit Sinn und Verstand freuen kann.

Manchmal hilft es ja schon, die Gläser der Brille zu putzen, durch die man auf die Welt schaut, um klarer zu sehen, dass das Leben auch schöne Seiten hat; es kann hell, bunt und farbig sein. Auch um solche Blickveränderung geht es. Aber auch um konkrete Lebenssituationen und bestimmte Gelegenheiten: Warum man etwa in Freundschaftsbeziehungen Besonderes erleben kann. Weshalb wir gerade in Momenten der Not Hilfe und Trost brauchen und was da besonders gut tut. Oder was schön und gut ist im Alter, auch wenn die Kräfte nachlassen. Wenn am Ende auch von Dankbarkeit die Rede ist, ist das zwar kein „Genuss“ im üblichen Sinn. Aber beides steht – über die Freude – in Beziehung zueinander. „Freude am Genießen“, das ist ja nicht naiv gemeint, als wäre das Leben nur fröhlich und lustig, wenn man es bloß in die eigene Hand nimmt. Auf einen simplen Nenner lässt es sich sowieso nicht bringen.

Die Spannung ist nicht ganz auflösbar, das Paradox bleibt. In einer bekannten Zen-Geschichte wird das deutlich: Da flieht einer vor einem wilden Tier, hält sich an einem Strauch fest, unter sich den Abgrund, über sich den Tiger. Und da sieht er an dem Strauch eine Beere. Er pflückt sie und isst sie: „Wie süß die Beere schmeckte!“

Manche verfallen in Melancholie, weil am Ende doch der Tod steht. Das Leben ist endlich, sicher. Aber warum sollte man sich nicht – jetzt – zum Beispiel über ein gutes Schokoladeneis freuen?

Karl Rahner, der große Theologe – von dem man weiß, wie sehr er ein gutes Eis schätzte –, hat in einem Interview (als Achtzigjähriger, kurz vor seinem Tod) gesagt: „Die guten Sachen sind nicht nur für die Spitzbuben da!“ Er hat damals nicht nur den besten Eisladen Roms verraten („an der Piazza Navona“), sondern auch hinzugefügt, dass man nicht nach Italien fahren muss, um gutes Eis zu bekommen.

Auch das, wovon im Folgenden die Rede ist, verlangt keinen großen Aufwand. Es findet ganz in der Nähe, meist im eigenen Leben statt, und ist, wie schon gesagt, eine Kunst, die man jeden Tag lernen und praktizieren kann.

Arbeit, Nichtstun und Muße

Der Mensch muss sich hüten,
durch zu viel Arbeit seinen Leib zu töten.

(Hildegard von Bingen)

Kann man ein Buch über Genießen wirklich mit dem Thema Arbeit beginnen? Als ich kürzlich eine Bekannte wiedertraf, die rundum entspannt wirkte, war das Geheimnis ihrer Verwandlung schnell geklärt. Nein, sie kam nicht aus dem Urlaub: „Seit ich in Rente bin, genieße ich das Leben jeden Tag. Keinen Druck mehr. Nichts mehr müssen. Ich kann tun und lassen, was ich will. Diese Freiheit – ich *genieße* das!"

Tatsache ist: Wir leben nicht nur, um zu arbeiten. Und doch bestimmt in aller Regel Arbeit unser Leben. Eine Zahl von 90.000 Stunden Arbeitszeit im Leben eines Menschen hat der promovierte Statistiker und Blogger Nathan Yau ausgerechnet: Durchschnittswerte für einen Erwachsenen, der in Anstellung arbeitet und mit 65 Jahren in den Ruhestand geht. Demnach verbringt eine solche Person 3716 Tage mit Arbeiten – 89.184 Stunden. Da schließen sich Fragen an: Ist nichts wert, wer nichts tut, „nichts auf die Beine stellt"? Wann macht Arbeiten Freude? Und worin liegt der Wert des Nichtstuns, der besondere Genuss der Muße?

In der Antike galt körperliche Arbeit als notweniges Übel und wurde meist von Sklaven verrichtet; Muße hingegen war erstrebenswert und den gut situierten Freien vorbehalten. Das hat sich später auch unter dem Einfluss des Christentums geändert, schon in den Klöstern. Und nicht nur im Protestantismus galt und gilt Arbeit und Leistung als etwas generell Gottgewolltes.

Für viele ist das Arbeitsleben, ob handwerklich praktisch oder am Schreibtisch, eine Quelle von Sinn, Erfüllung und Freude – vor allem wenn es Erfolgserlebnisse gibt, die Atmosphäre stimmt, die Kollegen freundlich sind und wenn das, was man tut, im Rahmen der eigenen Kräfte ist. Was die Freude ausmacht: nicht nur das gute Gefühl, dass man damit seinen Lebensunterhalt verdienen kann, sondern auch das Gefühl, etwas bewirken, etwas bewegen zu können und sich dabei selber zu spüren. Und wenn man in den „Flow" kommt, kann der Genuss gerade in der Selbstvergessenheit liegen. Aber auch in der Erfahrung von Sinn liegt er: zu spüren, dass wir in unserem Tun mit anderen verbunden sind, dass gerade dieses Zusammenspiel kreative Kräfte in uns mobilisiert, dass man anderen Menschen etwas geben kann, Hoffnung oder Freude; vielleicht sogar zu spüren, dass das, was ich tue, zum Segen wird für andere.

Das gibt es natürlich auch: dass man dem Stress nicht gewachsen ist. Oder man fühlt sich als Mensch nicht wahrgenommen, nicht gesehen und ist verletzt, wenn man das Gefühl hat, dass man für andere eine bloß funktionale Größe und nur unter ökonomischen Gewinnrücksichten interessant ist. Wenn Konkurrenz und Neid den Alltag bestimmen, aber auch wenn die Arbeit zur Sucht wird, hört jedenfalls das Vergnügen auf.

Wichtig ist, nicht zu vergessen: Auch das Ausruhen und das Nichtstun gehören zum Leben. Der Anspannung entspricht die Entspannung. Die Freizeit als arbeitsfreie Zeit muss nicht gleich wieder mit Aktivitäten und Events vollgepfropft werden. Dem Zupacken entspricht das Loslassen, dem Ernsten das Leichte. Und zum Alltag gehört auch das Fest. Und es sollte auch für die Muße Platz sein, für eine Zeit, um innere Quellen der Lebendigkeit zu spüren.

Im Leben des Einzelnen, aber auch im Leben der arbeitsteiligen Gesellschaft gibt es das Zusammenspiel von Arbeit und Muße. Es gibt die, die arbeiten, und die, die an den Früchten der Arbeit Anteil haben, die sie genießen dürfen. Wenn Leute in ihr neues Haus einziehen und sich freuen, in den eigenen vier Wänden zu leben, im eigenen Garten zu sitzen, dann war da vorher die Leistung der verschiedenen aufeinander eingespielten Gewerke: vom Maurer bis zum Fliesenleger, vom Installateur bis zum Gartenbauer. Wer mit der Bahn in Urlaub fährt und den stressfreien Transport genießt, freut sich auch über das freundliche und hilfsbereite Zugpersonal, das Dienst tut. Oder nehmen wir das Lesen: Da vergisst jemand die Zeit über einem neuen Krimi, der spannend, sprachlich gut, dramatisch komponiert ist. Aber da war nicht nur der kreative Autor, sondern vielleicht auch ein Lektor, eine Lektorin, der oder die mit viel Zeit den Text geglättet, die Sprache verfeinert, die Anlage der Figuren und den Spannungsbogen der Handlung mit dem Autor diskutiert und vielleicht sogar mitgeholfen hat, die Auflösung des Falls noch überraschender zu gestalten – und nebenbei auch noch mit der Herstellung, der Grafikerin, dem Marketing und den Buchhandelsvertretern verhandelt hat, damit das Endprodukt „rund“ ist und in den Kreislauf des Lesevergnügens eingeschleust werden kann. Das Vergnügen des Lesers setzt also schon Arbeit voraus. Der Autor Richard Ford sagt etwa über sein Schreiben: „Ein großer Roman braucht drei Jahre Zeit, die letzten sechs Monate muss man alles 25 Mal lesen, jedes Mal findet man noch etwas, was einem nicht gefällt. Das zermürbt einem das Hirn.“ Des einen Freude am fertigen Produkt, des anderen mühsamer Weg dahin, bis es auch ihm selber gefällt …

Es ist gut, sich solcher Zusammenhänge bewusst zu sein. Es geht aber auch darum, dass *wir selber* der Muße Zeit einräumen in unserem Leben: Muße als Dasein ohne den Druck, sich beschäftigen zu müssen, und als Fähigkeit, sein Leben zu gestalten, ohne Zweckbindung. Sie ist das Gegenteil von Aktivismus und Hektik und permanenter Anspannung – und sie ist alles andere als Faulheit.

Was sie schlicht auszeichnet: dass man sich nicht fremdbestimmen lässt von der totalitären Idee, Zeit sei Geld und der Zweck des Lebens möglichst hoher Profit. Als Zeit in Geld verrechnet wurde, eine Größe, die unersättlich vermehrt werden will, sagt der Zeitforscher Karlheinz Geißler, da kam die Hektik in die Gesellschaft. Das Leben wurde immer schneller, die Menschen wurden immer erschöpfter. Heute glauben wir durch Verdichtung der Zeit Zeit zu gewinnen. Es funktioniert nicht. Technische Mittel, die angeblich Zeit gewinnen helfen, sind Zeitdiebe. Und Zeitdiebe sind Lebensdiebe, Genussfeinde.

Muße zu leben heißt: einzusehen, dass meine Zeit mein Leben ist. Wenn wir uns Räume des Zweckfreien lassen, dann tun wir uns selber etwas Gutes, seelisch und körperlich. Das ist weder aufwendig noch kostspielig. Wie? Der Phantasie sind keine Grenzen gesetzt, je nach der Veranlagung des Einzelnen und der Lebenssituation: Musizieren, Spielen, Meditieren. Das Gespräch mit Freunden. Bewusstes Erleben von Intimität. Gemütliches Kochen und genussreiches Essen. Das ungestörte Eintauchen in Geschichten, das Entziffern eines Gedichts. Eigenhändig etwas gestalten. Oder einfach Stillsein. Ausloten eigener Gefühle und Gedanken. Abschalten – ganz konkret auch Computer und Handy. Und auch das geht: Kürzlich erzählte jemand von seiner Mutter, die beim Abspülen in der Küche meistens sang. Das brachte sie offensichtlich in Berührung mit der inneren Freude, stimmte sie und ihre Umgebung trotz eines anstrengenden Alltags heiter. Die

Arbeit nicht zu schwer werden oder alles sein lassen, darum geht es.

Ein besonderer Aspekt ist dann der Ruhestand – biografischer Übergang von der Lebensarbeitszeit in die Zeit danach. Da gilt es einerseits: Schluss zu machen, Neues anzufangen und doch nicht in erneut hektische, nur etwas andere Aktivitäten zu verfallen und die Freizeit zuzukleistern; und zum anderen: die eigene Zeit im Hier und Jetzt als Freiheit intensiver zu erleben, neue Zugehörigkeiten jenseits der Arbeitswelt zu suchen. Also Dinge zu tun, die Sinn machen, Bedeutung haben und Verbundenheit erleben lassen – ohne neues Pflichtenheft.

Schöpferische Arbeit und kreatives Nichtstun, Aktivität, Ruhen und Seinlassen: Das hat sein himmlisches Gegenbild. In der Bibel wird Gott schließlich als aktiv, als kreativ, als Schöpfer beschrieben, der positiv zu seinem Werk steht: „Es war sehr gut!" Gott ist einer, der selber ausruht und der auch den Menschen den Sabbat als Lebensziel setzt.

Im rabbinischen Judentum gibt es die folgende Auslegung: „Sechs Tage sollst du arbeiten und all dein Werk verrichten." Wie kann der Mensch all sein Werk in nur sechs Tagen schaffen?, wurde gefragt: Und die Antwort: Das kann er natürlich nicht. Das bedeutet hier nur: „Ruhe, als ob dein Werk bereits getan wäre!"

Mit dem gleichen Gefühl darf man loslassen: als ob alles bereits getan wäre, was zu tun ist.

Dazu eine alte Zen-Geschichte: Als der eben angekommene Schüler den Meister zum ersten Mal bei seiner Zen-Übung sah, fragt er ihn: „Was machst du da?"

Der Meister erwiderte: „Gar nichts."

Der Schüler sagte: „Du sitzt also nur faul da?"

Der Meister: „Wenn ich faul dasäße, würde ich ja etwas tun!“

Der Schüler, verständnislos: „Hast du nicht gesagt, du würdest nichts tun? Was also tust du nicht?“

Der Meister: „Das wissen nicht einmal die Götter!“

Perlen der Lebenskunst

Tu deine Arbeit. Dann tritt einen Schritt zurück.
Der einzige Pfad zur Ewigkeit.

(Lao Tse)

Muße hat mit Freizeit so viel oder besser:
so wenig zu tun wie der Kuckuck mit der Uhr.

(Karlheinz Geißler)

Man trägt nicht das Boot mit sich herum,
wenn es einen ans andere Ufer gebracht hat.

(Zen-Weisheit)

Man verachte die Leute, die keine Zeit haben.
Man beklage die Menschen, die keine Arbeit haben.
Aber die Männer, die keine Zeit zur Arbeit haben,
die beneide man.

(Karl Kraus)

Spazieren: Gehen statt rosten

Ich habe mir meine besten Gedanken ergangen
und kenne keinen Kummer,
den man nicht weggehen kann.

(Søren Kierkegaard)

Warum nicht einen Tag, schon vor der Arbeit, mit einem kurzen Spaziergang beginnen? Auch da gibt es biblische Bezüge. Schon im Paradies soll Gott selbst im Tagwind sich im Garten „ergangen" haben. Das steht so am Anfang der Heiligen Schrift, im 3. Kapitel der Genesis. Damit ist kein Maß gesetzt, aber eine Ahnung wunderbarer Möglichkeiten formuliert. Zwar sind wir seit Langem aus dem Paradies vertrieben. Aber vielleicht doch nicht ganz?

Wenn man sich heute durch die Natur bewegen will, gibt es viele Möglichkeiten. Und nicht alle sind jedermanns Geschmack oder jeder Frau Vergnügen. Da kann man immer wieder das energische Waldweg-Stampfen rüstiger Walker mit Stöcken erleben oder das keuchende Joggen der Menschen mit dem akustischen Knopf im Ohr. Auch selber ertappe ich mich manchmal beim pflichtbewussten Gesundheitsgehen, das jeden Tag seine 10.000 Schritte abarbeiten will. Aber die Urform aller lustvollen Bewegung im Freien bleibt doch – so altertümlich schon das Wort heute klingt – das zweckfreie Spazierengehen. Nicht umsonst spricht man – gut, ebenfalls ein wenig antiquiert –, von „lustwandeln". Es ist nicht nur die erholsamste, sondern auch die genussreichste Bewegungsvariante. Sie folgt keinem strengen Ziel, muss aber deswegen keineswegs ziellos sein. Sie hat in der Regel keinen Plan. Sie lässt sich Zeit. Zum sportbetonten Laufen muss man sich in der Regel überwinden oder zwingen. Auch das Spazierengehen folgt freilich einer gewissen inneren Notwendigkeit. „Spazieren muss ich unbedingt", hat der Schweizer Dichter Robert Walser gesagt. Aber dieses „Müssen" ist kein Zwang, sondern einfach Leben, selbstverständliche Notwendigkeit von innen her, eine Ausdrucksform der Muße. Und sie erregt in aller Regel Freude, ja sogar Vorfreude schon beim Drandenken.

Der Spaziergang ist gemächlich, trödelt sogar. Er hat seinen eigenen Rhythmus, aber kein verbindliches Tempo – und schon gar kein forciertes. Man kann ganz spontan aufbrechen: Plötzlich überkommt einen die Lust ... Insofern hat der Spaziergang etwas Unberechenbares, Willkürliches. Aber er hat doch seine Zeit, ja sogar seine verschiedenen Zeiten – und auch ganz unterschiedliche Räume.

Zeitlich kann man unterscheiden: Es gibt den Abendspaziergang, der den alltäglichen Stress durchlüftet, den Tag abschließt, ihn (musikalisch gesprochen) ausklingen lässt. Sogar nachts kann man herumspazieren, in den Sternenhimmel schauen, den zunehmenden Mond bewundern oder einfach nur, wie nebenbei, neugierig sich an anderen Leben erfreuen und seinen Blick im Vorübergehen in erleuchtete Wohnungen werfen, die gerade zufällig auf dem Weg liegen. Besonders in den Dunkelheiten vor Heiligabend, wenn die Bäume geschmückt werden, machen wir das gerne. „Guckkastenbühnen" (so nennt der Dichter Heinz Piontek das), die auf den Spaziergänger den freundlichsten und friedlichsten Eindruck machen.

Es gibt den morgendlichen Gang vors Haus, der schon einmal frische Luft in die ausgeruhten Lungen bringt. Es gibt ausgiebige, ausgedehnte und kürzere Spaziergänge, die auch mal nur „um den Block" oder „ums Haus" führen.

Und es gibt den Spaziergang zwischendurch, einfach um dem Druck zu entkommen. Es gibt keinen Stress, sagen die Kenner, der nicht „vergeht", wenn man spazieren geht. Und alles „läuft" meist besser, wenn man eine Weile gelaufen ist.

Und was den Raum, die Geografie des Spazierengehens angeht: Auch durch die Stadt kann man spazieren oder schlendern. Flanieren nennt man das. Da kann man sich treiben lassen, aber auch auf ein bestimmtes Ziel zugehen. Der professionelle Flaneur Franz Hessel hat in seinen *Ermunterungen zum Genuss* (Neuausgabe 1987, Verlag Das Arsenal) auch noch einen wichtigen Tipp für Stadtspazierer: „Wenn du unterwegs etwas ansehn willst, geh nicht zu gierig darauf los. Sonst entzieht es sich dir. Lass ihm Zeit, auch dich anzusehn. Es gibt ein Aug in Aug auch mit den sogenannten Dingen."

Es gibt die Wege durch die Natur: einen Fluss entlang, am Meer, barfuß über den Sand, oder in den nahegelegenen Wald – aber auch da in einem überschaubaren Bereich. Um Bewegung geht es, nicht um spektakuläre Dinge, die am Weg liegen. Bewegung, das ist: sich selber spüren, weiterkommen, sich frei gehen, lebendig sein, Intensität. Der Weg führt nicht zu einem bestimmten Ziel. „Ich ging im Walde / So für mich hin / Und nichts zu suchen, / Das war mein Sinn", heißt es – zeitlos gültig – in einem Goethe-Gedicht. Nicht ein Ziel ist wichtig, sondern nur das Gehen, der Weg an sich. Und der führt ins Offene, ins Weite, zur Wahrnehmung von und zur Begegnung mit immer neuen Schönheiten, glücklichenfalls zur Verbundenheit mit der ganzen Schöpfung.

Goethes berühmter „Osterspaziergang" im *Faust* ist sprichwörtlich geworden: An diesem Fest drängt es die Menschen, ins Freie zu gehen: „Zufrieden jauchzet groß und klein; / Hier bin ich Mensch, hier darf ichs sein."

Man kann allein spazieren und seinen Gedanken nachhängen. Sich inspirieren lassen von allem, was einem zufällig begegnet, auf dem Weg zufällt. Oder bewusst wahrnehmen, was um einen herum ist. Nicht einmal der Mönch, der allein und meditativ im Kreuzgang seines Klosters geht, ist wirklich allein, auch er lebt in Verbundenheit, im bewussten Wissen um die Geschichte dieses besonderen Orts, den andere seiner Gemeinschaft in früheren Jahrhunderten geschaffen haben. Und man kann natürlich auch in Begleitung spazieren gehen. Man kann dabei mit einem Freund, einer Freundin plaudern oder schweigen oder diskutieren. Gelegentlich kann man einfach stehen bleiben und weiterredend ein Thema vertiefen – und wenn der Impuls da ist: weitergehen.

Auch mit einem Hund an der Leine: zu jeder Tageszeit, aber gerne auch schon früh am Tag. Thomas Mann ist da ein Vorbild, der – wie er schreibt – sich schon „vom Tirili der Vögel" zeitig wecken lässt und der davon erzählt, wie er und sein Hund aus dem Haus gehen, „um von der jungen Morgenlust einige Züge zu tun und … an den Freuden der Frühe ein wenig teilzuhaben … Die Illusion eines stetigen, einfachen, unzerstreuten und beschaulich in sich gekehrten Lebens, die Illusion, ganz dir selbst zu gehören, beglückt dich" (Thomas Mann, *Herr und Hund*).

Die altbekannte Tour neu wahrnehmen. Augen auf: der Phantasie freien Lauf lassen und dabei achtsam bleiben für das, was einem begegnet. Vor allem: *Sehen!*

In dieser Kunst hat sogar ein Paradox Platz. Der mexikanische Sänger Rolando Villazón wurde von einer Zeitung nach seinen Sehgewohnheiten gefragt: Seine Antwort: Er schaue viel aus dem Fenster, stelle sich manchmal auch auf den Balkon, schaue auf die Straße, beobachte die Leute, gucke zum Himmel und zu den Wolken, die vorüberziehen. „Es gefällt mir, das Leben zu beobachten. Ohne besonderes Ziel. Ohne etwas zu suchen oder zu erwarten. Man könnte sagen: Ich flaniere mit den Augen“ (FAS, 24.9.2023).

Auch wenn, wie hier, das Tempo ganz herausgenommen ist – das ist das Schöne, am Spazierengehen und am Flanieren: Es entschleunigt. Die Welt kommt zur Ruhe und wird dabei doch intensiv erlebt.

Perlen der Lebenskunst

Gehen ist des Menschen beste Medizin.

(Hippokrates)

Gedanken wollen oft – wie Kinder und Hunde –,
dass man mit ihnen im Freien spazieren geht.

(Christian Morgenstern)

Ich bin der Meinung, dass alles besser gehen würde, wenn
man mehr ginge ... So wie man im Wagen sitzt, hat man
sich sogleich einige Grade von der ursprünglichen
Humanität entfernt ... Fahren zeigt Ohnmacht, Gehen Kraft.

(Johann Gottfried Seume)

Denn das ist der Witz beim Spazierengehen,
dass dir alles Bekannte neu und alles Neue
bekannt vorkommt.

(Sigismund von Radecki)

Waldeslust: Im Grünen zu Hause

Jeder Zweig des Waldes bewegt sich
anders im Wind, aber während sie sich schwingen,
verbinden sie sich an den Wurzeln.

(Rumi)

Wer weiß schon, dass in Deutschland fast 30 Prozent der Oberfläche bewaldet ist, dass es hier 90 Milliarden großer Bäume gibt – unvorstellbar viele. Raum für Wanderungen und lange Spaziergänge. Und für große und tiefe Emotionen.

Natürlich ist die Natur kein eingezäunter Lustpark, der nur zu unserem emotionalen und ästhetischen Vergnügen da wäre. Unser Wald heute ist auch keine Wildnis mehr, sondern domestiziert und kultiviert. Was das wert ist? Für den Eigentümer ist ein Wald möglicherweise in erster Linie Nutzholz, Investment und Kapitalanlage. Aber wir wissen inzwischen: Man kann die Natur zwar vernutzen, sie sogar ausbeuten und als Marktobjekt verbrauchen. Aber die Natur braucht uns nicht. Sie ist nicht für uns da. Doch wir brauchen sie in einem anderen, tieferen Sinn. Wenn wir uns der Natur entfremden, entfremdet uns das von uns selbst.

Warum fühlen wir uns im Wald zu Hause? Der Förster Peter Wohlleben erinnert daran, dass unsere Vorfahren vor 100.000 Jahren im Wald gelebt haben: „Wir haben uns ja faktisch vor der Natur in künstliche Lebensräume geflüchtet. Jetzt müssen wir wieder stärker realisieren, dass wir von der Natur abhängen und dass diese Beziehung auch für unser emotionales Gleichgewicht etwas ganz Wichtiges ist, ohne das wir nicht sein können. Es ist unser eigentliches Zuhause. Wenn wir in den Wald gehen, kommen wir nach Hause zurück. Fühlen uns daheim“ (in *einfach leben* 8, 2020).

Ein anderer Hinweis darauf, warum wir vom Wald so angezogen sein könnten, stammt von Hildegard von Bingen. Sie hat von der „Grünkraft“ der Natur gesprochen. Vielleicht finden wir den Wald deswegen so schön, vielleicht zieht es uns deswegen immer wieder dahin, weil wir in einem Kraftfeld, eben „im Grünen" sind? Da ist ein Raum, der uns wohltut, der konzentriert und uns erdet, beruhigt, der uns „runterholt". Aber es ist auch eine schier unendliche Vielfalt in dieser Kraft des Wachsens: Diversität ist Ausdruck und Form dieser Vitalität. Grünkraft: Wie viele verschiedene und verschieden geformte Grüns gibt es, am Boden und über dem Boden: Gräser, Farne, Kräuter, Blumen, Sträucher, die Blätter. Wenn jemand eine Pflanzen-Erkennungs-App auf das Handy geladen hat, verlangsamt das zwar noch einmal jeden Spaziergang – aber es bereichert das Wissen und die Wahrnehmung.

„Was hilft mir, einfacher und glücklicher zu leben, was tut mir gut?" war Ende 2023 das Thema einer Umfrage. Immer wieder wurde er in den Antworten genannt: „der Wald". Im Wald kann man offensichtlich einfach sein. Man kann Ruhe genießen und Stille hören. Im Hinhören kann ich selber zur Ruhe kommen, mich in einen Raum begeben, der größer ist als ich und der die Kraft hat, einen anzuverwandeln. Das Leben im Wald zu beobachten führt dazu, dass man außen etwas spürt, was man auch in sich selber erfährt: Werden und Vergehen, das Wachsen, eine unerschöpfliche Kraft noch im Vergehen und immer wieder in der Erneuerung. Auch wenn man sich dessen gar nicht bewusst wird: Das ist eine intuitive, vielleicht sogar spirituelle Erfahrung von etwas, was uns in der Tiefe mit der Schöpfung verbindet. Gemeint ist die Erfahrung: Wir selber sind Teil der Natur. Die Wissenschaft weiß ja: Wir teilen immer einige DNA-Sequenzen mit letztendlich allen Lebewesen. Dieses Bewusstsein eines gemeinsamen Ursprungs bleibt nicht abstrakt. Es dämmert uns wieder im Gefühl der Einheit mit der Natur, die wir im Wald erleben können.

Im Wald fühlen wir uns verbunden, schon weil wir anders atmen: tiefer, ruhiger, freier. Und das nicht nur, weil die Luft gesünder ist. Oft machen wir im Alltag einfach viel zu viel. Multitasking geht im Wald nicht, die Natur fokussiert uns. Dadurch reguliert sich dann auch der Rhythmus wieder. Dann wird der Atem wieder weiter, und ich bekomme wieder mehr Raum – und es geht mir auch körperlich wieder besser. Keine Hetze, loslassen, nichts müssen. Sich hingeben, sich als angenommen erleben, die Umgebung wirken lassen, nichts tun. Leeren – vergleichbar einer Entrümpelung. Es sei „wie Meditieren", sagte eine Frau, wie ein Kurs in Ruhe und Stille.

Dass man im Wald meditieren kann, leuchtet mir sofort ein: Wir gehen seit Jahren meistens den gleichen Weg. Unweit hinter dem Haus beginnt er, ein großer Mischwald mit reichem Unterholz. Er windet sich in Kurven nach oben, immer neue Blicke eröffnend, immer überraschend andere Perspektiven ermöglichend. Im Wechsel der Jahreszeiten und bei jedem Sonnenstand erlebt man ein schier unerschöpfliches Spiel von Licht und Farben. Da ist der ständige Wechsel von Schatten und Licht, bei jedem Wetter. Zu jeder Tageszeit ist das anders. Man schaut und schaut und wird nicht satt. Langweilig war es noch nie. Und aus dem Staunen kommt man auch kaum heraus. Da blühen auf einmal mitten im Wald Magnolien. Da taucht plötzlich eine Eichhörnchenfamilie auf, huscht und springt von einem Ast auf den nächsthöheren. Da fallen einem an einer kleinen Buche tatsächlich die Astknoten auf, an denen man das Alter des Baums abzählen kann. Da kreuzt auf einmal oben in der Luft eine elegante Waldtaube den Weg. Oder da ist die Choreografie eines Mückentanzes. Man kann den über große Entfernungen gezwitscherten, nie endenden Dialogen unsichtbarer Vögel zuhören. In einem umgestürzten und halb verrotteten alten Stamm, der am Wegrand liegt, wird eine Herzform sichtbar und spricht das eigene Gefühl an. Da sind die verschlungen gewachsenen und die kerzengeraden Stämme, Rinden, die verschrammt sind, und solche von erstaunlicher Glätte, geschuppte Rindenpanzer und von Käfern durchlöcherte. Da geht der Blick nach oben, in einen Stamm. Und dann schaue ich einmal an einem Baum hoch, bleibe in der dichten Krone hängen und genieße die Vorstellung, welche Vielfalt sich mir da zufächelt. Es ist nicht für mich, nicht von mir gemacht, und es berührt mich doch. Und später lese ich: 800.000 Blätter kann eine ausgewachsene Rotbuche von 25–30 m Höhe tragen. Zumindest ungefähr, denn diese Zahl variiert je nach Standort, Wuchsform und Vitalität des Baumes. Diese Größenordnung gilt übrigens auch für eine ähnlich hoch werdende Eiche. Ich bin aufgehoben in einer schier unendlichen Vielfalt. Millionen von Blättern um mich herum, die sich da im Wind bewegen. Und am Boden unzählige Gräser, sonst nie beachtete Pflanzen: nicht nur Löwenzahn und Kletten, sondern auch Eisenkraut und Tausendgüldenkraut, Knoblauchrauke und Borstenhirse. Kriechender Hahnenfuß und Salomonsiegel, zarte Binse, milder Knöterich und gewöhnliches Ferkelkraut: eine schier unendliche Wirklichkeit, deren Vielfalt begeistert, die nicht um meinetwillen da ist, aber mich doch berührt und mir guttut. Es ist nicht nur wie Meditieren. Es ist auch Abenteuer, wie Urlaub.

Die schon zitierte große Heilige des Mittelalters, Hildegard von Bingen, hat in der „Grünkraft" übrigens den Heiligen Geist am Werk gesehen, nicht nur in der Natur, sondern auch in uns: „Du Feuer des Geistes, des Beistands, Leben des Lebens aller Kreatur. Durch dich bringt die Erde Grün hervor." Das ist das Entscheidende: diese Kraft nicht nur außen wahrzunehmen, sondern auch in sich zuzulassen. Und zu glauben, dass da eine Kraft zum Guten, zur freien Entfaltung und zur lebendigen Vielfalt am Werk ist, das ist im Wald womöglich leichter.

Kein Wunder, dass es eine aktuelle Mode gibt, die sich „Waldbaden" nennt: „Eintauchen in die Atmosphäre des Waldes". Im Unterschied zum gewöhnlichen Spaziergang ist es ein bewusstes, entschleunigtes Verweilen mit allen Sinnen im Hier und Jetzt dieser konkreten Umgebung. Es senkt nachweislich den Blutdruck, reduziert den Ruhepuls und lässt unseren Körper deutlich weniger Stresshormone ausschütten. Auch dass die Blätter der Bäume etwa 50 Prozent der UV-Strahlung filtern und auf schonende Weise wohltuendes Sonnenlicht und somit Vitamin D getankt werden kann: Alles medizinisch korrekt, aber geschenkt.

Denn entscheidend ist etwas anderes, das Gefühl: Ich bin daheim, frei und doch behütet, wie unter einem Dach. Das zu erleben, darin liegt womöglich gerade das Besondere.

Perlen der Lebenskunst

Nichts kann die Freude eines Morgens
im Wald übertreffen.

(Millie Florence)

Die Natur ist fremd. Der Baum ist nah.

(Arabisch)

Ich machte einen Spaziergang im Wald
und kam größer heraus als die Bäume.

(Henry David Thoreau)

Nirgendwo habe ich mehr Ruhe gefunden
als in Wäldern und in Büchern.

(Thomas von Kempen)

Wenn du dich in einen weiten, weiten Wald
zurückziehst und ganz still wirst, wirst du verstehen,
dass du mit allem verbunden bist.

(Alan Watts)

Alle Wetter!
Sommer wie Winter

Ich freue mich, wenn es regnet,
denn wenn ich mich nicht freue, regnet es auch.

(Karl Valentin)

Schon in der Bibel steht: „Wenn du wartest, bis der Wind und das Wetter genau richtig sind, wirst du nie etwas pflanzen und ernten“ (Koh 11,4). Also nicht warten. Jetzt ist die Zeit. Das ist nicht nur biblische Weisheit, nicht nur eine Bauernregel, sondern eine Lebensregel. Jedes Wetter ist gut. Jedes kann man nutzen. Und jedes kann man genießen.

Nicht das Wetter, aber unsere Einstellung zum Wetter können wir ändern. Also es so nehmen, wie es ist. Akzeptieren. Gelassenheit ist eine Vorstufe für das Genießen: Denn „Hoffnung und Angst können das Wetter nicht ändern“ (Chögyam Trungba).

Dass es generell kein schlechtes Wetter, sondern nur unangemessene Kleidung gibt, wissen alle Eltern dieser Erde. Und das gilt auch für die Jahreszeiten.

Natürlich kann man den Frühling besonders genießen: Wenn wir als Kinder zum ersten Mal barfuß ins Freie durften und durch die taunassen Wiesen stapften. Und heute noch: Wenn die erste starke Sonne die Erinnerungen an den letzten Frost vertreibt. Wenn man bei einem Spaziergang im Freien erfährt, wie die ersten Zitronenfalter der Luft einen anderen Charakter verleihen. Wenn auf einmal bei einem Waldspaziergang die verschiedensten Grünvarianten unübersehbar ins Auge fallen. Oder wenn die Primeln sichtbar werden, die eine Wiese, einen Vorgarten blau und gelb färben und einem die Gewissheit geben: Er ist nicht mehr aufzuhalten.

Und natürlich gehört auch der Herbst mit seinem milden Licht und den bunten Farben zu den Genusszeiten – des Jahres und des Lebens. Wenn die Weinernte vorbei ist und die ersten Herbstfeste gefeiert werden, das Erntedankfest die Fülle des Sommers anschaulich macht. Die

Poesie des Herbstes ist manchmal etwas melancholischer. Und es sind die frühen Nebel, die jetzt die Sinne herunterdimmen und sich über die harte Wirklichkeit legen.

Schwerer wird es schon im Sommer oder Winter. Das Schöne an diesen meist doch extremeren Jahreszeiten: Über das Wetter im Sommer oder Winter lässt sich immer reden, klagen, schimpfen, ohne jemand zu beleidigen. Und selten ist man sich so einig. Im Fahrstuhl. Oder am Bahnsteig beim Warten auf den Zug. Ist es zu heiß, schwitzt und stöhnt man gemeinsam. Und wenn es heuer partout nicht schneien will und die weiße Weihnacht wieder mal ausfällt, muss man sich einfach darüber austauschen und kann den Frust gemeinsam genießen. Und sogar der ausgefallene Sommer ist Diskussionsstoff und damit verbindend. Und viele erinnern sich: Auch als damals die Züge im Winter nur deshalb Verspätung hatten, weil die Türen zugefroren waren und alle zu spät kamen, hat das die Menschen verbunden, wie jedes gemeinsame Schicksal. Das Wetter ist sozialer Kitt.

Wann ist eigentlich Winter? Heinrich Heine hat – im Vergleich mit Italien – gesagt, dass sogar der Sommer „bei uns nur ein grün angestrichener Winter“ ist. Auch darüber zu diskutieren kann Freude sein. Die Klimaveränderung bringt da nicht nur neue Unsicherheiten, sondern auch neuen Diskussionsstoff.

Winter! Winterzauber, Wintermärchen, Winterfreuden: Jetzt ist die Zeit, wo die Welt Atem holt und sogar die Stille eine besondere Qualität bekommt: Nichts Schöneres, als auf das Geräusch einer fallenden Schneeflocke zu achten und sich an andere Zeiten zu erinnern. Jetzt, hat jemand gesagt, ist die Jahreszeit, in der die Kinder die Türen offen lassen, die sie im Sommer zuknallen.

Es ist kein Naturgesetz, dass die Unverfrorensten am wärmsten sitzen müssen. Sorgen wir also zumindest in unserer Umgebung für Nestwärme – immer noch die billigste Energiequelle. Oder wenigstens für Herzenswärme, für ein sprichwörtlich warmes emotionales Klima in unserer Umgebung also: „In einem guten Wort ist für drei Winter Wärme, ein böses Wort verletzt wie sechs Monate Frost.“ Das ist ein mongolisches Sprichwort, gilt aber überall.

Aber auch das Positive wird sichtbar. Auch wenn „weiße Weihnachten“ nicht mehr garantiert sind: Winter und Weihnachten gehen immer noch eine positive Verbindung ein, stehen ganz oben auf unserer Vorfreudenskala. Es ist die Erfahrung, dass Neues geschieht. Und auch diese Sehnsucht nach Neuem kann man jetzt genießen. Die Sehnsucht, die im Winter eine besondere Zielrichtung hat: Wenn alle spüren, dass der Winter vorbei ist: der Blick aus dem Fenster in die aufblühende Natur. Alle spüren den Frühling. Dann den vorbeigehenden Nachbarn nicht „Guten Tag!“ zurufen, sondern: „Frühling!“

Und dann kommt irgendwann mit Bestimmtheit auch wieder der Sommer: Baden im See. Den warmen Fahrtwind auf dem Fahrrad genießen. Oder den Biergarten unter Kastanien. Die Ferien auf dem eigenen Balkon. Oder im Schrebergarten. Sogar das vorfreudige Warten darauf, dass dann die Sommerpause im Bundesligafußball bald vorbei sein wird, kann zu den Lebensfreuden gehören.

Der Winter ist noch weit. Aber er kommt bestimmt! Genießen Sie diesen Sommer! Und die Sonne.

Gott lässt schließlich über Gerechte und Ungerechte die Sonne scheinen. Ob Winter, ob Sommer, ob Frühling oder Herbst: In allen Jahreszeiten scheint sie. Mal weniger. Mal mehr.

Und man weiß ja: Nichts Schönres unter der Sonne als unter der Sonne zu sein … (Ingeborg Bachmann, An die Sonne).

Perlen der Lebensweisheit

Sonnenschein ist köstlich, Regen erfrischt,
Wind kräftigt, Schnee erheitert.
Es gibt kein schlechtes Wetter,
nur verschiedene Arten von gutem.

(John Ruskin)

Im Grund des Herzens eines jeden Winters
liegt ein zitterndes Frühlingsahnen.

(Khalil Gibran)

Sommer ist die Zeit, in der es zu heiß ist,
um das zu tun, wozu es im Winter zu kalt war.

(Mark Twain)

Das Schöne am Frühling ist, dass er immer gerade dann
kommt, wenn man ihn am dringendsten braucht.

(Jean Paul)

Gartenfreuden – paradiesisch

Dummme rennen, Kluge warten,
Weise gehen in den Garten.

(Rabindranath Tagore)

Es gibt die Wälder, die das Herz erfreuen. Und natürlich gehören auch Berge zu den Freuden, die die Natur bietet. Von unten: Das Gefühl der Ewigkeit, des Majestätischen, Heroischen – imponierend. Von oben: Die Landschaft liegt uns zu Füßen, der Alltag schrumpft. Der Blick in die Weite, die Panoramasicht, das Gefühl, die ganze Welt überblicken zu können.

Gärten sind anders: Sie liegen in der Regel im Flachen, zu ebener Erde, unmittelbar vor der Tür, wenn man Glück hat, um das Haus herum. Sie verlangen keine schweißtreibende Wanderung zum Ziel. Sie sind schon da: das Paradies unter unseren Füßen.

Es gibt natürlich Zwischenphänomene, die auch nicht zu verachten sind: Weinberge und ihre Weingärten etwa. Wer vom Winter bis in den Herbst die Winzer in den Reben sieht, in einer ästhetisch ansprechenden, kultivierten Landschaft, am Rhein entlang, den Blick weit ins Land hinein, der ahnt neben der Schönheit die damit verbundene Mühe – aber auch die Genüsse, die später in der Flasche reifen und einmal im Glas schmecken werden.

Auch Schrebergärten sind eine ganz eigene Welt der Schönheit und der Individualität. Meist etwas abseits, einer Wohnsiedlung vorgelagert. Kleine Parzellen mit versteckten Hütten und mancherlei Gartenzwergen, mit wucherndem Gemüse, kunterbunt blühenden oder farblich fein und geschmackvoll abgestimmten Blumenrabatten. Da drückt sich skurriler Sondergeschmack aus, oder sozialer Familiensinn bricht durch. Eher legere Haltungen und eine ordnungsverliebte Mentalität leben in unmittelbarer Nachbarschaft, kreativ und im friedlichsten Nebeneinander. Es ist schön, an einer Schrebergartenkolonie entlangzuspazieren, zwischen die Zaunlatten zu spähen, den

Grillduft bei den einen zu schnuppern, bei den anderen die Zweige schneidenden und Hecken stutzenden Handwerker im grünen „Blaumann“ wegen ihrer Unermüdlichkeit zu bewundern, spielende Kinder und plaudernde Nachbarn unter Pflaumenbäumen zu sehen und schließlich den Gesamteindruck zu speichern: ein Gesamtkunstwerk, wie ein künstlerisch aufwendig aus verschiedensten Materialien gestalteter Quilt.

Ob Weinberg oder Hausgarten oder Schrebergarten: Jeder Garten macht Arbeit. Aber jeder hat auch seine besondere Freude. Das ganze Jahr über geben sie etwas. Aber sie verlangen auch. Kein Garten ist je fertig, immer gibt es zu tun: säen, pflanzen, graben, jäten, schneiden, ernten, kompostieren, knien auf der Erde, wühlen im Boden. In heißen Sommern dann das Wässern der durstigen Pflanzen und Büsche. Und sich bücken, immer wieder bücken. Und warten. Aber auch: sich vorfreuen auf das, was da in der Erde und aus der Erde wachsen, sprießen, gedeihen wird. Vom „grünen Daumen“ kann man leicht reden. Meist ist das, was der Spruch meint, aber schwer erarbeitet.

Der Genuss im Garten besteht aber nicht nur in der Aktivität, sondern auch in etwas Grundsätzlichem: in der Erfahrung von Geborgenheit, der Umgrenztheit. Nicht der Zaun oder die Mauer an sich ist wichtig, sondern das Gefühl, dass das hektische, unruhige Außen und alle aufgeregten und unwesentlichen Äußerlichkeiten „draußen“ bleiben.

Was im Garten zu tun ist (und das ist einiges), gewinnt dadurch eine andere Qualität. Arbeit wird Muße, und Muße gestaltet sich einfach, in sinnvoller Tätigkeit – und das selbst dann, wenn der Kampf gegen den Giersch unendlich ist, eine Sisyphusarbeit: Diesen Sisyphus darf und kann man sich auch als einen glücklichen Menschen vorstellen.

Das Allerschönste liegt freilich auch hier jenseits der Arbeit: im Garten zu sitzen, einfach nur zu sitzen, nichts zu tun. Sich auf eine Bank im Gras setzen. Oder den Stuhl unter den Apfelbaum stellen. Sich an dem erfreuen, was schon getan ist. Sich vorfreuen, dass dies alles Früchte tragen wird. Oder sich an der Gegenwart freuen, dass jetzt alles in Blüte ist. Paradiesisch eben.

Genauer: Das Dasein im Garten ist beides, ein Schöpfungsvorgang und eine Paradieserinnerung. Aber hier lebt auch das Wissen, dass man sich – nach der Vertreibung aus dem Garten Eden – das Paradies immer wieder erarbeiten kann. Und da blüht immer auch die Hoffnung: dass man irgendwann wieder ausruhen darf. Auch Gelassenheit kann man hier lernen: „Blüht eine Blume, zeigt sie uns die Schönheit. Blüht sie nicht, lehrt sie uns die Hoffnung" (Chao-Hsiu Chen).

Gärten sind also das wiedergewonnene Paradies im Präsens: Die Vögel im Gebüsch, unzählige Spatzen, die verrücktspielen und herumtollen wie wilde, ungebärdige Kleinkinder. Die allmählich zur Reife gekommenen Äpfel, von denen die ersten schon vorzeitig herunterfallen. Die Äste, die sich leise im Wind bewegen. Die Nüsse oben im Walnussbaum, die gelb und saftig gereiften Wildpflaumen, die diese köstliche Marmelade abgeben werden. Eine Maus, die plötzlich wie von einem Strick gezogen unter dem Fliederbaum über den Weg rennt und unter dem Forsythienbusch in einem dunklen Nirvana verschwindet.

Mit zum Allerschönsten, tagsüber, gehört: nur da sein und die Gedanken schweifen lassen. Lesen, nachdenken oder, mit einem Buch in der Hand, vielleicht beides. „Warum gibt es überhaupt Blumen?“, fragt etwa der Schweizer Autor und Lyriker Philippe Jaccottet, der in seinen Notizen (*Nach so vielen Jahren*) über die Pfingstrosen und ihre verstohlene Schönheit staunt, die man „so zusammengeschart“ leicht für Ballettfiguren halten könnte, und der in fast ekstatischer Spiritualität ausbricht: „Gegrüßet seist du, Strauch voll der Anmut“. Wenn man auf Pfingstrosen so schauen könnte wie er, würde alles weit werden: „Sie öffnen sich, entfalten sich, wie wir es uns wünschen von der Zeit, unserem Denken, unserem Leben.“ Im Regen, so beobachtet er, werden sie schwer und neigen sich, als wären sie zu müde, ihre Farbenlast zu tragen. Ich habe auch unsere Stockrosen, die in Ritzen zwischen Wegplatten blühen, mit ganz neuen Augen angeschaut, nachdem ich sie in den Worten Jaccottets beschrieben gefunden hatte: wie sie im Verborgenen von unten nach oben ihre Blüte entfalten, wie ihr Blühen ihn an den nach oben steigenden Gesang und eine Operninszenierung erinnert. Man kann ihre Schönheit also richtiggehend hören. Sie entfalten ihre Pracht nicht nur in den imaginären Augen, sondern auch in den imaginierenden Ohren des Lesers!

Wir haben uns daher entschlossen, Blumenkompositionen in Töpfen nach Musikern zu benennen. Da gibt es die Hindemith-Ecke mit leicht dissonanten Farbkontrasten und die klassische Mozart-Rosenrabatte. Happy new eyes!

Auch öffentliche Parks sind eine wunderbare Erscheinungsform von Garten. Sie sind für alle zugänglich und geben dem Einzelnen Raum. Man muss sie nicht mühevoll pflegen und hat doch die Freude an ihrer Schönheit. Man kann allein sein und doch unter Menschen – und auch „lustwandeln“ mit einem geliebten anderen.

Eine Steigerung des Genusses wird es, wenn man sich mit einem Dichter einlässt, auf seine Wahrnehmung, seinen Blick. Der Poet Jacques Prévert hat einen Moment in einem Pariser Park in einem Gedicht beschrieben, das *Der Garten* heißt – mit einem Bild in einen größeren Rahmen gesetzt: „Auf dieser Erde / Die ein Stern ist.“ Mitten in der Großstadt kann der Himmel also liegen, wenn – wie in dem Lied von Prévert – von einem Kuss die Rede ist. Die Umgebung wird größer als der Park. Der Garten wird zum Bild für die Welt, für die Erde. Eine Zustandsbeschreibung wie ein Kompliment.

Wenn dann nachts auf einmal und völlig überraschend in solch einem Garten die Glühwürmchen im Gebüsch auftauchen, in einer Nacht unter dem vollen Mond, dann leuchtet es einem plötzlich auf – und ein: „Auf dieser Erde, die ein Stern ist“ …

Perlen der Lebenskunst

Wenn du einen Garten und eine Bibliothek hast,
wird es dir an nichts fehlen.

(Marcus Tullius Cicero)

Die Blumen machen den Garten,
nicht der Zaun.

(Deutsches Sprichwort)

Der Kuss der Sonne macht nachsichtig.
Der Gesang der Vögel stimmt heiter.
Nirgendwo anders auf der Welt ist man näher
an Gottes Herz als in einem Garten.

(Dorothy Frances Gurney)

Dem Fröhlichen ist jedes Unkraut eine Blume,
dem Ärgerlichen jede Blume ein Unkraut.

(Finnisch)

Aus den Träumen des Frühlings
wird im Herbst Marmelade gemacht.

(Peter Bamm)

Pausieren – aufatmen, leben

Ich bin immer, auch im Leben, für Ruhepunkte.
Parks ohne Bänke können mir gestohlen werden.

(Theodor Fontane)

Ohne Atem, ohne Atempausen könnten wir gar nicht überleben: Einatmen, kurzes Innehalten, Ausatmen, Atempause – wer das nicht mehr kann, lebt nicht mehr. Pausieren *ist* also geradezu: *Leben*.

Mein Lieblingsphilosoph Karl Valentin hatte sich noch über die Pausenlosigkeit lustig gemacht: „Tag und Nacht geöffnet – das Siegestor in München". Heute ist das nicht mehr nur zum Lachen. 24/7 ist das Kürzel unserer Zeit. Erst sah man es nur in Amerika an Geschäften, an Restaurants oder bei Dienstleistungsanbietern: das Versprechen, 24 Stunden am Tag, 7 Tage die Woche zur Verfügung zu stehen, Tag und Nacht. Also immer. „Hochverfügbarkeit" nennt man das in der Marketingsprache.

Klar: Von Notdiensten, von der Feuerwehr, der Polizei oder dem Krankenhaus haben wir immer schon erwartet, dass sie erreichbar und einsatzbereit sind, denn es kann immer etwas passieren. Aber das ist vorgesehen für Ausnahmen, für Notsituationen.

Das Alarmierende ist jedoch, dass die Ausnahme, das Extrem, zur Regel geworden ist und den Alltag bestimmt. „Immer zu Diensten", das ist der Service der Konsumangebote und ihrer Dienstboten. Das ist einerseits wunderbar und bequem. Maschinen brauchen keinen Feierabend und keinen Urlaub (wobei natürlich auch sie gewartet werden müssen). Aber es geht nicht nur um Maschinen. Seit das Internet aus unserem Leben nicht mehr wegzudenken ist, sind wir alle in Mitleidenschaft gezogen. Pausenlosigkeit ist angesagt. Tag und Nacht, natürliche Rhythmen überhaupt sind seit Langem dem Tempo der Welt zum Opfer gefallen. Die digitale Welt hat ein Netz von permanenter Allgegenwärtigkeit über unseren Alltag gelegt. Handy und Computer sorgen für Präsenz ohne Unterbrechung.

Ob im Büro oder im Homeoffice: Alle sind miteinander vernetzt, immer erreichbar, immer ansprechbar, rund um die Uhr. Es wird immer schwerer, einen Damm gegen die Überflutung durch die ständigen Zumutungen und Ansprüche zu errichten.

Pausen sind ein solcher Damm. Der Zeitforscher Karlheinz Geißler hat auch Gewerkschaften zum Thema Zeitkultur beraten. Da ging es ihm nicht um eine Flucht aus der Arbeit. Sein Rat: „Verbessert die Zeitkultur innerhalb der Arbeit im Sinn einer Genusskultur – durch Pausen. Die Zigarettenpausen werden mit der Diskriminierung des Rauchens abgeschafft. Daher bin ich für Nichtraucherpausen. Vor mir aus auch Rohkostpausen. Oder Kaffeepausen. Man kann auch einen Teller frische Äpfel hinstellen, wo man sich bedienen kann. Oder man geht vor die Tür."

Genießen heißt: nicht verzweckt, nicht verplant sein; durchatmen, aufatmen können. Es heißt aber auch: nicht ständig unter dem Zwang stehen, etwas erleben zu müssen.

Atemlosigkeit als Lebensgefühl, das wird heute weithin nicht einmal grundsätzlich negativ verstanden: *Atemlos durch die Nacht,* ein Schlager von Helene Fischer, war einer der erfolgreichsten Popsongs der letzten Jahre. Die Jagd nach immer neuen Sensationen, der Hunger nach immer tieferen Eindrücken, die Suche nach Intensität – neu ist das nicht: „Ich werde einfach nicht mehr schlafen, beschloss ich. Es gab so viel interessantere Dinge zu tun", das sagte schon vor vielen Jahren ein Text von Jack Kerouac, der ein Gegenbild zur „normalen" Gesellschaft entwirft. Die Manie des Erlebens gegen die Depression der Ansprüche in der Gesellschaft geht aber inzwischen sehr weit: Vor Kurzem war im Internet die Werbung einer amerikanischen Zeitarbeitsfirma zu finden, die Arbeitskräfte rund um den Globus und rund um die Uhr anbietet: „Wenn dein Mittagessen aus einem Kaffee besteht, … wenn Schlafentzug die Droge deiner Wahl ist. Dann bist du vielleicht ein ‚Macher'." In den Videos für diese Kampagne greifen die jungen Models auch noch auf dem Klo und beim Sex zum Handy.

Pause ist das Gegenteil von permanenter Atemlosigkeit. *Anapausis,* das griechische Wort, meint: Aufatmen. Luft schöpfen heißt Leben spüren. Es gehört zu unserer Natur, dass wir uns nicht nur anspannen, sondern auch entspannen, dass wir in Tag-und-Nacht-Rhythmen leben, dass wir genügend Schlaf finden. Es geht nicht nur um die wohlverdienten Auszeiten vom Stress. Das Leben ist nicht nur nahtloser Übergang von Arbeit zu Freizeit und umgekehrt. Nicht nur pausenloses Schuften, abgelöst vom pausenlosen Sichvergnügen. Pausen helfen, Balance zu gewinnen. Bloßes Innehalten schon kann helfen, den Hochleistungsmotor herunterzuschalten.

Pausen sind nicht Löcher in der Zeit, sondern Lebenszeit. Oder wenn man sie doch als Zeitlöcher sieht, dann weil sie den Durchblick geben auf das Wesentliche. „Auszeit" ist ein durchaus missverständliches Wort – so als wäre man nur dann „in" der Zeit, wenn man sich Zwecken anderer und vorgegebenen Pflichten unterwirft. Zeit ist immer Lebenszeit, *mein* Leben. Und ich bin mir am nächsten, wenn ich nicht entfremdet, nicht verkauft, nicht verzweckt bin, wenn ich wieder zu mir komme.

Pausen sind auch keine verlorene Zeit, nicht einmal unter dem Aspekt der Nützlichkeit: Tue weniger, erreiche mehr, das ist die Philosophie der Pause. Und Arbeitspsychologen sagen sogar, dass man Spitzenleistungen nur mit Pausen erreicht, dass sich jedenfalls die Fehlerquote verringert, wenn man nicht pausenlos durchpowert. Pausenzeiten für Bewegung, für einen kurzen Plausch mit Mitmenschen, für Kurzschlaf, Hobbys, Entspannungsrituale, Naturerlebnisse machen kreativer, konzentrierter. Wie im Schlaf kann das Gehirn dann Informationen verarbeiten, einordnen, neue Zusammenhänge herstellen, kreativer sein. Und danach kann man auch wieder mehr Genuss in der Arbeit finden.

Pausen sind so vielfältig wie das Leben selber – der Begriff selber sagt es: Atempausen, Kunstpausen, Denkpausen, Mittagspausen. Pinkelpausen sind natürlich. Und sogar Zwangspausen gibt es, die hilfreich sind – Krankheiten können das sein, die uns dazu bringen, unser Leben zu ändern. Denkpausen, sagt Geißler, erweitern die Möglichkeiten. Sie unterbrechen in der Tat eingefahrene Routinen, sind Voraussetzung für Innovation und Kreativität.

Und sogar noch das Vergnügen braucht seine Pausen, um wirklich zur Freude, zum Glück zu werden: Nietzsche macht sich über eine bestimmte Sorte von Vergnügungsreisenden lustig, die pausenlos aktiv sind: „Sie steigen wie Tiere den Berg hinauf, dumm und schwitzend; man hatte ihnen zu sagen vergessen, dass es unterwegs schöne Aussichten gebe."

Zum Glück gibt es Pausen, immer wieder.

Das ist die schönste aller Aussichten.

Perlen der Lebenskunst

Pausen provozieren die Frage:
Könnte es nicht auch anders sein?

(Karlheinz Geißler)

Krankheiten nützen nicht bloß dem Doktor,
sondern auch der Seele.

(Jean Paul)

Zum Denken gehören nicht nur die Bewegung
der Gedanken, sondern ebenso ihre Stilllegung.

(Walter Benjamin)

Die Pausen zwischen den Gängen sind das
wichtigste für den Genuss am Essen.

(Karlheinz Geißler)

Essen – schmecken und kosten

Gott ist auch mitten unter den Kochtöpfen.

(Teresa von Avila)

Mit vollem Mund soll man nicht reden, das wussten schon unsere Eltern. Und es hat sicher einen guten Grund, dass in den Klöstern während der Mahlzeiten noch heute geschwiegen wird: Man genießt auch einfache Speisen intensiver und schmeckt achtsamer, was auf dem Teller ist.

Aber Essen ist auch kommunikativ. Beim Essen zu reden, vielleicht sogar schon in der Küche anzufangen, sich zu unterhalten, sich dabei alle Zeit zu lassen, das gehört zum Genuss dazu. Nicht nur, dass man beim Tafeln – und das ist das Mindeste – die Köchin oder den Koch oder einfach nur die Salatsauce lobt und/oder, sei es höflich oder auch begeistert, vielleicht sogar das Rezept erbittet.

Freilich redet man auch über die merkwürdigsten Dinge.

Voller Empörung erzählte kürzlich einer während des gemeinsamen Essens von seinem letzten Besuch in einem teuren Restaurant, wo er lernen musste, dass es auch dort „Convenience-Essen" gab: in seinem Fall ein klein portioniertes Wiener Schnitzel, das nicht über den Teller hing, also nicht in der Küche zurechtgeklopft und frisch zubereitet wurde. Ihm stand noch das Entrüstung im Gesicht. „Convenience" – wie er das Wort schon aussprach! Auf diese Weise wurde uns anschaulich, was Convenience-Food eigentlich ist: vorgefertigtes, möglicherweise aus dem Tiefkühlfach fertig hervorgeholtes Essen, Küche aus der Konserve oder aus der Tüte, Instantkost – maschinell vorbereitet, industriell garfertig gemacht, kochfertig mit Aromen nach möglichst breitem Massengeschmack. Oft nur noch zum Aufwärmen in den Ofen gesteckt. Alle Kreativität, alles Individuelle, Besondere, Phantasievolle – ab in die Tüte: Ein Horror für jeden Genießer.

Darin waren wir uns einig. Essen ist eben mehr als Nahrungsaufnahme. Jemand am Tisch erzählte die Anekdote von dem großen Theatermann Fritz Kortner, der als Feinschmecker galt und in Wien einmal von Freunden beim Besuch eines Schnellrestaurants ertappt wurde. Und als Entschuldigung soll er nur knurrend gemurmelt haben: „Ich esse nicht, ich verrichte nur meine Essdurft."

Man verhungert nicht, wenn man aus dem Pappkarton isst, und das vielleicht sogar noch im Stehen oder gar im Gehen. Aber dieses schnelle Essen ist nicht nur ungesund. Wer etwas nur hastig oder gierig hinunterschlingt, ist auch vom Tempo her gar nicht in der Lage, mit allen Sinne wahrzunehmen, was er zu sich nimmt. Vor allem ist es nichts für sensible Zungen und Gaumen. Wie schrecklich in der Corona-Pandemie: wenn bei dem einen oder anderen plötzlich der Geschmackssinn nicht mehr funktionierte. Alles schmeckte gleich, alles nach nichts, keine Empfindung auf der Zunge. Aber damals war eben klar: Das ist ein Krankheitssymptom. Schmecken ist Gesundheit, ist Genuss, ist Leben.

Fastfood: kein Vergleich mit dem selbst und mit Liebe und genügend Zeit gekochten Essen. Kein Vergleich mit der einzigartigen Erfahrung, wie etwas gart und köchelt und wie der Duft allmählich aus den Töpfen in die Nase steigt. Dieser Duft hebt die Stimmung, macht fröhlich, freudig, regt den Appetit an: Welches Vergnügen, welche Freude schon im Abschmecken und dann erst im Verfeinern. Ganz abgesehen von der Vorfreude, die darin besteht, dass man gleich andere liebe Menschen mit Köstlichkeiten beglücken kann. Essen ist Lebensfreude.

Essen braucht Zeit und schenkt Zeit. Man sollte daher auch die verschiedenen Gänge eines Mahls nicht zu hastig und zu schnell hintereinander essen oder servieren. Die

Zwischenzeit, das gesellige Nachschmecken und vorfreudige Warten auf den nächsten Gang, das ist auch Teil des Genusses. Wer sich Zeit lässt beim Essen, der würdigt damit nicht zuletzt auch die Leistung des Kochs oder der Köchin.

Dabei waren wir uns damals am Tisch einig, dass Selberkochen immer noch das Beste ist, dass es aber nicht in Anstrengung und Stress ausarten sollte. Und dass gutes Essen durchaus auch mit Bequemlichkeit in Verbindung zu bringen ist, wusste eine Krimileserin am Tisch zu erzählen. Lebt nicht der berühmte sizilianische Kommisar Montalbano (von Andrea Camilleri) bei allem Stress immer wieder gut davon, dass er nach getaner Arbeit, auch spät nachts, nach Hause kommen kann und im Kühlschrank eine große, von seiner wunderbaren Haushälterin zubereitete Schüssel mit dem besten süßsauren Gemüsegericht vorfindet, das man sich nur vorstellen kann: der caponata, hergestellt mit Tomaten, Kapern, Zwiebeln, Karotten, Oliven, Auberginen? Mit Honig und Essig abgeschmeckt, eine fröhlich-bunte Mischung, schon optisch ein Augenschmaus. (Und inzwischen eines meiner Sommer-Lieblingsgerichte.) In diesem Fall tatsächlich so etwas wie „Convenience-Food“, wenn man das, durchgezogen im Geschmack, ganz bequem im Kühlschrank vorfindet – aber von der angenehmsten und genussreichsten Sorte.

Essen ist Leben. „Aus meiner tiefsten Seele zieht mit Nasenflügelbeben ein ungeheurer Appetit nach Frühstück und nach Leben.“ Eine Bekannte hat sich diese Zeilen aus einem Ringelnatz-Gedicht an die Kühlschranktür gepinnt und kann morgens schon ganz anders in den Tag gehen, wenn sie es gelesen und befolgt hat.

Wenn Essen Leben ist, dann hat das natürlich Folgen auch für unser Verständnis davon, wie wir mit der Welt und dem Leben insgesamt umgehen. Der Verfall der Esskultur hat Folgen für alle. Und auch das andere gilt: Wir brauchen gutes Essen, um gut zu überleben.

„Genuss rettet die Welt", sagt die bekannte Köchin Sarah Wiener in einem Interview mit *einfach leben* (9, 2013). Sie meint das auch in dem Sinn, dass Industrieessen nicht nur nicht mehr richtig schmeckt und monoton ist, sondern auch umweltschädlich. Ehrlich und einfach und einfallsreich, sagt sie, sollte die Küche sein: „Aus einer Sache zwanzig Sachen kochen zu können und nicht aus zwanzig Sachen eine, das ist die Kunst beim Kochen."

Essen und Trinken hält Leib und Seele zusammen. Daher habe ich Sarah Wiener in dem Interview auch gefragt, was jenseits von bloßem Hunger und blankem Durst Leib und Seele auch wirklich gut tut. Ihre kurze, spontane und klare Antwort: „Der Genuss!"

Zum Genuss gehört für sie übrigens auch die Beschränkung und nicht die ständige Verfügbarkeit auf Kosten der Qualität. Und weiter: „Es ist spannend, zu sehen, dass so viel Sößchen, Schäumchen, Samtsüppchen, Cremes, weiches Hühnerfleisch ohne Knochen serviert werden. Und dazu: immer Weißbrot. Weiches Brot, das man nur noch schlucken muss. Wie ein Vogelkindchen, dem man was in den Schlund hinunterschiebt. Wir werden gefüttert, anstatt uns selber zu nähren. Auch unsere Art zu essen hat meist wenig mit Genuss zu tun." Kein Wunder, wenn sogar fünf Apfelschnitze in Plastik eingeschweißt werden, damit sie nicht braun werden …

Essen bleibt spannend. Und weil am Tisch immer wieder von Krimis die Rede war und Sarah Wiener auch vom Wein gesprochen hatte, wusste eine am Tisch auch noch eine Szene aus einem Krimi von Alfred Komarek zu schildern. Der lässt den Bewohner eines österreichischen Winzerdorfs eine Flasche Wein so aufmachen, sanft und andächtig: „Ein kurzes, scharf akzentuiertes Schmatzen, gefolgt von einem leisen ‚plopp', das irgendwie spöttisch klang, aber auch aufmunternd und auf eine etwas hinterhältige Weise vertraut." Wer ein gutes Essen so begleitet, dem werden die Gedanken hintergründig, weit und weich und die Gespräche rund, und dem tritt die Zeit über die Ufer, noch bevor die Flasche geleert ist.

Und was hatte Sarah Wiener auf die Frage geantwortet, was ein gutes Essen ausmacht? „Menschen, die man mag. Zeit, Liebe und Achtsamkeit beim Kochen. Ja, und dann: genüsslich essen. Ein, zwei Glas Wein dürfen dann auch gern dabei sein."

„Iss und trink und sei gern da!" Diese dreigliedrige Empfehlung wiederholte unsere Mutter gerne, wenn sie Gäste bewirtete. Auch wenn es damals bei uns keinen Wein gab – es erinnert mich sehr an Sarah Wieners Antwort. Die Einladung zum Essen war eine Einladung zum umfassenden Wohlfühlen.

Perlen der Lebenskunst

„An der Tafel existiert keine Zeit."

(Spanisches Sprichwort)

Wer gemächlich isst, dessen Tage und Jahre währen lang.

(Babylonischer Talmud)

Es gibt kein Tafelvergnügen, wenn auch die Speisen noch so gut und alle Nebengerichte noch so exquisit sind, das uns befriedigt, wenn der Wein schlecht, die Gäste wahllos zusammengewürfelt, die Gesichter beschattet sind und das Mahl in Eile herabgewürgt wird.

(Jean Anthelme Brillat-Savarin)

Widme dich der Liebe und dem Kochen mit ganzem Herzen.

(Dalai Lama)

Die Entdeckung eines neuen Gerichtes beglückt die Menschheit mehr als Entdeckung eines neuen Gestirnes.

(Jean Anthelme Brillat-Savarin)

Das Leben ist ein Festessen. Das Tragische dabei ist, dass die meisten Menschen den Hungertod sterben.

(Anthony de Mello)

Die Intermezzo-Kunst: Nickerchen

Man stelle sich vor, um wie viel besser diese Welt wäre, wenn wir alle – wirklich die ganze Welt – um drei Uhr nachmittags unsere Milch und Kekse bekämen und uns dann zu einem Schläfchen niederlegen würden.

(Robert Fulghum)

Nach einem guten, vielleicht sogar opulenten Essen ist das besonders lustvoll und ratsam: erst den Gürtel lockern, dann sich entspannt zurücklehnen und lautlos einnicken auf dem Lieblingssessel oder der bequemen Couch. Oder auch sich richtig hinlegen – auf Zeit: frei sein vom Zwang – und seien es nur 15 Minuten. Auch das kann man genüsslich zelebrieren: sich Zeit lassen, die Schuhe ausziehen, sich bequeme Kleidung überstreifen, sich zudecken und in ein kleines Kissen kuscheln. An gar nichts denken. Oder beruhigende Musik hören. „Heute mach ich mir eine Freude und besuche mich selbst", hat Karl Valentin gesagt: Ein kleines Schläfchen kann so ein Besuch sein. Ähnlich meint Friedrich Hebbel: Man kriecht im Schlaf in sich hinein. Man ist also – sozusagen – ganz bei sich.

„Schlafmütze" – das ist ein ziemlich despektierliches Wort für jemand, der nichts recht wahrnimmt, am Leben vorbeilebt und vor allem: der die schönen Dinge verdöst. „Eine Mütze Schlaf nehmen" – das klingt schon anders und besser. Das ist aktiver, bewusster, sinnlicher: etwas tun, was erfrischt, was belebt und doch behütet.

Es sind ja nicht nur die großen Dinge, die man genießen kann, sondern die kleinen.

Auch beim Schlaf ist das so. „Ein Schläfchen", „ein Nickerchen" – noch in der liebenswürdigen Verkleinerung steckt Bejahung, Liebe zum Genuss, ein Teil der Lebenskunst. Vom Gesundheitseffekt ganz zu schweigen.

Denn gesund ist ja nicht nur der lange Nachtschlaf im Bett, der ausgedehnte Schlaf, acht Stunden oder mehr, vom frühen Abend bis zum taghellen Erwachen, wenn der Wecker schrillt – oder bei Tatmenschen wie Napoleon der so gerühmte Powerschlaf weniger konzentrierter Stunden.

Kreative Vorbilder sind die Künstler wie Leonardo da Vinci (der alle vier Stunden für 15 Minuten eingenickt sein soll und so an einem Tag mit insgesamt eineinhalb Stunden Schlaf auskam). Auch Brahms hat sich zum Schlafgewinn „zwischendurch" ganz offen bekannt. Brahms ist, wie man liest, immer wieder an seinem Klavier eingenickt, als er seine berühmten „Schlaflieder" komponierte. Dadurch brauchte er zwar sieben Jahre für das Werk – aber wer die Lieder hört, weiß: Es hat sich gelohnt. Karl der Große soll sogar einen Mittagsschlaf von drei Stunden gepflegt haben. Und auch Kämpfernaturen hat es zwischendurch „gepackt": Selbst Napoleon hat zwischen den Schlachten nicht auf seine kurze Augenpflege verzichtet, auch wenn ringsherum noch die Kanonen lärmten.

Warum also nicht einen Raum in der Wohnung zur stressfreien Zone erklären? Schon ein Sessel, ein Sofa, eine Liege kann es tun. Und nicht nur wenn es dunkel wird, kann man von der Bühne der hektischen Geschäftigkeit abtreten, sozusagen hinter die Bühne gehen, sondern auch kurz am helllichten Tag mal: Das Schläfchen zwischendurch ist verheißungsvoller Genuss, die kurze Auszeit, süße Ruhe, das kleine Abtauchen in den Schlummermodus, wenn die Lider schwer werden, die sorgsame Augenpflege, abgeschirmt von allen Störungen: „eine Mütze voll Schlaf". Die „Siesta" eben. Da klingt schon im Wort der Süden, Sonne, Schatten und Urlaub mit.

Feste Regeln gelten hier nicht. Jeder hat seinen individuellen Rhythmus, seine Eigenzeit und seinen bevorzugten Lieblingsort: Der eine empfiehlt es nach dem Essen als zweiten Digestiv. Aber auch ein Schläfchen vor dem Mittagsmahl, am späten Vormittag also, hat seine Freunde.

Der Platz kann eine Liege sein im Freien, zu Hause oder im Büro, die Wartebank in einem Amt oder beim Zahnarzt, die Schul- oder auch die Kirchenbank; auch Wald und Wiese bieten sich an, der Vortragssaal, ein Konzertraum, der eigene Schreibtisch, das Flugzeug, die Eisenbahn, der Bus. Am allerschönsten, im Urlaub, der Strand mit seinem beruhigenden Rauschen, mit undeutlicher Musik und Stimmen von weither. Was dann langsam aufkommt und in die Seele sickert, hat Schopenhauer „Meeresstille des Gemüts" genannt. Der Atem geht ganz ruhig, in Wellen quasi.

„Der dunkle Vogel Unruhe" (Christian Morgenstern), der über unserem Alltag kreist, lässt sich nieder, wenn wir selber die Unruhe ablegen, nicht mehr gegen alles ankämpfen, die Fäden reißen lassen, die uns mit dem Netz des Alltags und seinen vielfältigen Problemen verbinden, verfädeln und verketten. Wenn wir also die Müdigkeit akzeptieren und bejahen, dann bekommen wir Distanz zum Tagesgeschehen, können einen neuen Blick auf die Welt und auf uns selber werfen. Wir werden weniger reizbar, das Leben wird leichter, einfacher, stressfreier – auch für unsere Umgebung.

Es ist eine Unterbrechung, die sagen will: Lass gut sein. Lass los. Es ist gut.

Denn es gibt Dinge, die regeln sich von selbst – während man ein kleines Schläfchen macht.

Außerdem: Wer schläft, sündigt bekanntlich auch nicht. Und er macht keine Fehler. Und wer andere schlafen lässt, sündigt nicht nur nicht. Er tut auch Gutes. Dazu eine Geschichte aus der monastischen Tradition, die mir immer schon besonders sympathisch war. Eine Frage der frühen Mönche an den Altvater Poimen lautete: „Wenn wir beim

Gottesdienst Brüder einnicken sehen, willst du, dass wir ihnen einen Stoß geben, damit sie in der Vigilie erwachen?“ Er erwiderte: „Wahrlich, wenn ich einen Bruder einnicken sehe, dann lege ich seinen Kopf auf mein Knie und lasse ihn ruhen.“

Perlen der Lebenskunst

Es ist eine bekannte Sache, dass die Viertelstündchen größer sind als die Viertelstunden.

(Georg Christoph Lichtenberg)

Süßer Schlaf, du kommst wie reines Glück.

(Johann Wolfgang von Goethe, Egmont)

Zuerst lass deine Gedanken ruhen.
Dann deine Augen.

(Chinesisches Sprichwort)

Nur verrückte Hunde und englische Touristen laufen in der Mittagszeit herum. Ein Mensch schläft.

(Spanisches Sprichwort)

Wohl bekomm's: Lob des Weins

Der Wein erfreut des Menschen Herz,
und die Freudigkeit ist die Mutter aller Tugenden.

(Johann Wolfgang von Goethe)

Wer einmal zu nächtlicher Stunde auf einem Weinfest war, wenn die Stimmung laut und enthemmt ist, wird um die Frage nicht herumkommen: Reden wir da nicht von einem Betäubungsmittel, besteht nicht dumpfe Rauschgefahr, das Risiko von Kopfweh am nächsten Morgen? Von Suchtgefahr ganz zu schweigen!

Daher ein starker Gegenzeuge gleich am Anfang. Der Satz steht in einem Weisheitsbuch der Bibel: „Wie ein Lebenswasser ist der Wein für den Menschen, wenn er ihn mäßig trinkt. Was ist das für ein Leben, wenn man keinen Wein hat, der doch von Anfang an zur Freude geschaffen wurde?" (Sir 31,27)

„*Wie* ein Lebenswasser" – das schließt ja nicht aus, dass man Wasser trinkt. Der Akzent liegt aber auf dem „wie". Und auf „Leben". Und der Aspekt der Gesundheit ist mit eingeschlossen. Weingenuss vitalisiert, steigert die Lebensfreude. Und echter Weingenuss ist gleichzeitig Einübung in das rechte Leben. Denn Maß und Intensität schließen sich da nicht aus. Und das heißt ja gerade, dass man bewusst und langsam genießt: den Wein also nicht einfach bewusstlos oder als Durstlöscher, möglicherweise sogar noch einsam und allein, in sich hineinkippt – sondern ihn mit Bedacht und Verstand im Glas wahrnimmt, mit feiner Nase den Duft riecht, die unterschiedlichen „Noten" auf der Zunge erkennt und ihn – nicht umsonst spricht man von einem „edlen Tropfen" – schluckweise kostet. Und sich dann dazu auch verhält, sich äußert, sich austauscht, am besten unter Freunden, jedenfalls mit Menschen, die Köstlichkeit zu goutieren und zu schätzen wissen. Wein, der Resonanz und Bewusstheit braucht, verträgt keine Hektik. Er braucht Zeit – und Gespür für die Zeit, die da gereift im Glas liegt, geradezu körperlich. Es braucht Konzentration, Kontemplation von Aroma, Geist und Körper, Beachtung und Achtung der Vielfalt der Düfte und Geschmäcker, die die Nase und den Gaumen erreichen, zwischen lieblich und feinherb, halbtrocken und trocken. Die gilt es wahrzunehmen und zu würdigen. Und ja, auch Geselligkeit, das Zusammensein mit wahrnehmungsfähigen Individuen, mit jedenfalls einem wohlgestimmten Gegenüber gehört zu einer Kultur des Weintrinkens. „Der Wein wird durch den Mund des Gastes schön", sagt Martin Walser.

Oder sagen wir es mit Anselm Grün (in: *Lob der sieben Tröstungen*): „Wer süchtig Wein trinkt, den verdirbt er. Wer die Kultur des Weintrinkens pflegt, der genießt nicht nur den Wein, für den wird auch die Zeit kostbar. Er kostet die Zeit. Die Zeit wird eine köstliche Zeit. Aber wer das Leben nicht genießt, dem schadet auch der Weingenuss."

Das muss man sich auf der Zunge zergehen lassen: Wer das Leben nicht genießt, kann auch Wein nicht genießen. Leben ist Zeit, und Wein ist Zeit. Leben und Genießen, Genuss und Bewusstheit, Wissen und Schmecken, Himmel und Erde (oder Sonne und Terroir) gehen zusammen, stärken sich gegenseitig, steigern sich in eine neue Qualität.

Vielleicht lässt sich das anhand einer Geschichte veranschaulichen, wie sie im Buche steht. Darin kommen ein Kenner und Genießer und ein Praktiker und Genießer zusammen. Der Philosoph und Theologe Bernhard Uhde hat seinem Leib- und Magen-Winzer Fritz Waßmer aus dem Freiburger Umland eine ebenso gelehrte wie unterhaltsame Festschrift zum 60. Geburtstag gewidmet. Er hat weinerfahrene Freunde, unter ihnen erprobte Trinker, gewonnen und sie motiviert, die Vielfalt des Weingenusses auszukosten, zu analysieren und zu beschreiben. „Weinlese" – im Lesen sich erschließende Lebenskunst. *Wein und Zeit* ist der Titel dieses Buches – in vielleicht etwas zu süffiger, jedenfalls spielerisch-angeheiterter Anlehnung an Martin Heideggers *Sein und Zeit*.

Nicht nur in Worten spielt sich hier das Lob des Weins ab, sondern da gibt es auch ein Foto: In warmen Farben zeigt es den Winzer, ein paar einfache grüne Zweige ragen ins Bild, er selbst sommerlich gekleidet, an einem kleinen Tisch im Freien sitzend, eine Flasche auf dem Tisch, minimalistisch und hoch konzentriert. Die kräftige Hand am Glas und das geneigte, langstielige Rotwein-Glas an der Nase, verharrend im leisen Glück des Riechens, vielleicht auch Schnupperns, in gesammelter und aufmerksamer Erwartung versunken. Die Zeit scheint stillzustehen. Eine Ikone des Genießens.

Von der Erfahrung und den Nuancen des Genusses zu sprechen, kann selbst zum Genuss werden, zum Resonanzraum vielstimmigen Rühmens und heiterer Lebensfreude. Von den antiken Griechen und den alten Indern wie von den jüdischen Chassidim und den muslimischen Sufis ist da die Rede; von muslimischen Frommen, die Askese und Lust verbinden und auf sublimierte Weise schon vom Duft des Weines trunken sind, weil es ja erst im Paradies erlaubt ist, den Wein wirklich zu trinken. Vom „Wein der Liebe" ist die Rede, der lustvoll die Vergänglichkeit vergessen lässt. Und von Franken bis Georgien und bis nach Peru reicht das Lob dieser Gottesgabe Wein, die Gegenwart stiftet, indem sie nicht nur die Vergänglichkeit verhüllt, sondern auch Freude stiftet und Feier im Jetzt ermöglicht. Und immer ist der Wein auch ein Erinnerungszeichen für die paradiesischen Gaben und eine Spur, ja ein Vorgeschmack der Hoffnung auf den Tag, an dem – wie bei Jesaia 25,6f verheißen – der Herr selbst aufwarten wird „mit den feinsten Speisen, ein Gelage mit erlesenen Weinen, mit den besten und feinsten Speisen, mit den besten erlesenen Weinen".

Wenn man diesem Buch glaubt, dann könnte der Wein also das sein: Himmel auf Erden! Das klingt nach Übertreibung, jedenfalls ist da ziemlich viel Begeisterung im Spiel. Aber hat nicht auch der Befreiungstheologe Johann Baptist Metz von der irdischen Freude in Gott und von der mystischen Freude am Wein gesprochen?

Was also wäre die Welt ohne Wein? Irgendwie überzeugend klingt dann doch Bernhard Uhdes Antwort: „Sie wäre unheilig ohne solche Gemeinschaften von Individualisten, es fehlte ein Heilmittel gegen das Bewusstsein der Sterblichkeit, es fehlte ein Mittel zur Linderung von Not. Es fehlte das Bewusstsein von Einheit und Gegenwart." Auf den Punkt gebracht: Wirksame Tröstung und beseligender Genuss fallen in eins.

Das ist aber sicher noch nicht alles an Wahrheit. Wenn es da um lauter Individualisten geht, dann gehört ja dazu, dass verschiedene Standpunkte eingenommen und verfochten werden können.

Zwei davon, die nicht in dem erwähnten Buch stehen, seien zitiert, denn sie beziehen sich auf die Sache selbst:

Dem damaligen Kardinal von Buenos Aires, Jorge Mario Bergoglio, wird die Lebenseinsicht zugeschrieben: „Ein Wein, den man nicht reifen lässt, wird schlecht."

Der „Rieslingpapst" aus dem Saarland, Egon Müller, hält dagegen: „Schlechter Wein wird durch Alter nicht besser."

Die Wahrheit? Sie liegt im Glas!

(Friedrich Wilhelm Hegel hat es schließlich dialektisch zusammengefasst: „Im Wein liegt Wahrheit – und mit der stößt man überall an.“)

Also Prosit! Das heißt so viel wie: Wohl bekomm's!

Perlen der Lebenskunst

Iss freudig dein Brot und trink vergnügt deinen Wein;
denn das, was du tust, hat Gott längst so
festgelegt, wie es ihm gefiel.

(Koh 9,7).

Man muss den Wein langsam und in Schluckpausen
trinken. Dann bringt er mir eine Loslösung von allen
Zielen und Zielchen, die mich bedrängen.

(Heinrich Lützeler)

Du sollst nicht Wasser predigen und Wein trinken.

(Sprichwort)

Beim ersten Glas trinkt der Mensch den Wein,
beim zweiten der Wein den Wein,
beim dritten der Wein den Menschen.

(Japanisches Sprichwort)

Wasserkraft – oder: Baden im Glück

Gelobt seist du, mein Herr, durch Bruder Wasser:
Wie nützlich ist es, einfach, wertvoll und rein.

(Franz von Assisi)

Wenn das kein Glück ist: Abends am menschenleeren Strand sitzen unter den Sternen des Himmels, sich in den noch warmen Sand eingraben und hören, wie sie plätschern, rhythmisch und leise klatschend, sanft, aber voller Kraft: Meereswellen. Die Urerfahrung der Weite und Ewigkeit an einem Ozean – schon der Anblick erhebt, weitet Herz und Verstand und die Imagination, lässt die kleinen Alltagsgedanken verschwimmen.

Oder am Wasser sitzen, über den See oder den Fluss blicken. Oder am Teich den Enten nachschauen. Oder als Angler irgendwo allein die Angel übers Wasser halten und warten und warten und in aller Ruhe vor sich hinträumen. Ob unter der Dusche am Morgen (nicht zu lang natürlich, aber doch so, dass bei der Berieselung die Gedanken auch abschweifen können), ob in der lauwarmen Badewanne am Abend (wenn im Vollbad der ganze Tag in seinen schönen Seiten noch einmal Revue passieren kann), ob beim bunten Treiben am Baggerweiher in der Provinz oder im See mit der kultivierten Promenade, ob am südlichen oder nördlichen Meer oder am Ufer eines Flusses im Zentrum der Stadt, mit dem kurzen Weg in die Wellen: Wasser wäscht alles ab, reinigt, klärt.

Es ist einfach ein Genuss, sich diesem Element auszusetzen. Gerade das, mitten im Sommer, mitten in der Stadt, an einem Fluss: kurz und heftig schwimmen und dann ans Ufer, heftig atmend und die Anstrengung noch im Körper spürend, und sich dann einfach ins Gras legen, sich gehen lassen – und dann vielleicht, wenn man Glück hat, einnicken. Wegschlafen am helllichten Tag.

Augenblicke der Lust: Durch einen Kopfsprung im Schwimmbad im Verlauf einer Sekunde das Element wechseln. Oder sich am Strand ganz langsam mit dem Nass verbinden, sich Zeit lassen zum Eintauchen: erst bis zu den Knöcheln, dann bis zu den Knien, zu den Oberschenkeln, zur Hüfte und schließlich mit dem ganzen Körper. Oder sich im Wasser auf den Rücken legen und dem Zug der Wolken zusehen oder den Vögeln. Aber auch bis zum Bauchnabel im angenehm temperierten See stehen und sich unterhalten kann angesagt sein – und sehr angenehm!

Vielleicht hängt alles daran, dass unsere Vorfahren – geht man nur weit genug zurück – dem Wasser entstiegen sind, wo alles anfing. Wasser ist der Ort, welcher der Ursprung allen Lebens ist: Aus Urzellen und Einzellern im Wasser entwickelten sich vielzellige Organismen, die Urahnen der Pflanzen und Tiere. Ohne Wasser kein Leben. Immerhin, sagt man, bestehen wir selbst zu 98 Prozent aus Wasser. Vielleicht genießen wir es deswegen so, wenn wir Wasser spüren und uns mit diesem Element verbinden.

Wasser spüren heißt jedenfalls immer noch und immer wieder: Kraft erfahren, Lebendigkeit spüren. Man stelle sich nur eine aus dem Boden sprudelnde Quelle vor – Inbegriff der Unerschöpflichkeit, Bild sogar für den Heiligen Geist. Oder man stelle sich, physisch, einmal unter einen Wasserfall, in einem Bad oder in der Natur. In Japan galt es übrigens über Jahrhunderte als heilige Übung, unter besonderen Wasserfällen zu stehen und so den Geist zu beruhigen.

Der 85-jährige Dichter Jorge Luis Borges hat am Ende seines Lebens eine Liste erstellt mit Dingen, die er gerne öfter gelebt, getan oder wahrgenommen hätte: Darunter: Nicht perfekt sein wollen. Mehr reisen. Sonnenuntergänge betrachten. Viel weniger Dinge ernst nehmen. Aber eben auch dies: In Flüssen schwimmen. Und seine Quintessenz, auch an dieser vermissten Erfahrung festgemacht: Nicht vergessen, dass das Leben nur aus Augenblicken besteht: „Vergiss nicht den jetzigen."

Augenblicklich können wir es erfahren, wenn wir es tun: Schwimmen belebt den Geist und erfrischt den Körper. Wir können uns freischwimmen, alles Belastende abstreifen durch die meditative Bewegung, das rhythmische Gleiten im Wasser. Das kann auch Verkrampfungen auflösen. Wer badet, kann mit der äußeren Reinigung auch Inneres klären und abwaschen. Man verbindet sich mit der Natur, mit einem tragenden Element, und verliert so die eigene Schwere. „Der Leib wird leicht im Wasser", schreibt Bert Brecht in seinem Gedicht *Vom Schwimmen in Seen und Flüssen*.

Worin besteht – im Tiefsten – der Genuss? Vielleicht darin: Hier fühlen wir uns nicht nur in „unserem Element". Wir fühlen uns auch eingebettet in ein größeres Ganzes. Der aus dem schweizerischen Sursee stammende Theologe Hans Küng hat einmal erzählt, dass er sich beim Schwimmen in „seinem" See (dem Sempachersee) ganz und gar vergessen kann: „Nirgendwo kann man so wie hier diese Erfahrung machen, dass das Ich in einem größeren umfassenden Ganzen aufgeht und doch nicht zu einem Tropfen Wasser wird, sondern sich selber bleibt" (*Erkämpfte Freiheit*). Kein Wunder, dass er auch den Glauben mit dem Schwimmen verglichen hat: Glauben als Sprung ins Ungewisse: sich einem Element anvertrauen – und darauf vertrauen, dass es trägt.

Viel Weisheit über das Leben verbindet sich mit diesem nassen Element: Wasser reflektiert das Licht. Und im Bild des Wassers kann man auch das Leben selber reflektieren. Als ein Einsiedler einmal danach gefragt wurde, was das Besondere seiner Erfahrung sei, nahm er einen Stein, warf ihn ins Wasser und sagte:

„Schau in den Brunnen. Was siehst du?"

„Wasser, das sich bewegt."

Nach einer Zeit, als das Wasser ruhig geworden war: „Was siehst du jetzt?"

„Jetzt sehe ich mich selber. Ich kann mein Gesicht erkennen. Und auch der blaue Himmel spiegelt sich."

„Siehst du," sagte der Einsiedler. „Das ist der Himmel: die Erfahrung der Ruhe und Einsamkeit."

Ob es nun Wellen macht oder nicht: Das Schöne ist, dass man – auch ohne philosophische Ambitionen – mit einem Sprung ins Wasser eines Schwimmbads unter vielen Menschen einfach abtauchen und gleichzeitig Ruhe finden und seinen Spaß haben kann. Dass man unter Wasser – oder auch schon beim Rückenschwimmen, wenn die Ohren unter Wasser sind – auch in einem lärmigen Becken die Stille genießen kann. Georg Magirius schreibt darüber in dem Buch *Stille erfahren*: „Die Lust am Baden ist mit der Ahnung verbunden, dass das Wasser ein Element ist, das grundlos ist. So halte ich das mit Kichern oder Schreien verbundene Sich-Zieren derer, die nicht todesmutig ins Becken springen, für verständlich. Es ist nicht nur gespielt."

Und im Übrigen: Wasser kann man auch einfach nur trinken. Klar, erfrischend kühl, köstlich! Und es soll so gesund sein. (Es sei – in Maßen genossen – auch unschädlich, meinte Mark Twain.)

Perlen der Lebenskunst

Alle Flüsse fließen ins Meer.
Und das Meer wird nicht voll.

(Koh 1,7)

Der Ozean ist kein Ding, das du durch Eingießen
füllen oder durch Ausschöpfen leeren kannst.
Ich gehe zu ihm, um mich an ihm zu erfreuen.

(Dschuang Dse)

Die Welle ist das Meer.

(Willigis Jäger)

Die Sterne spiegeln sich in der Wasserpfütze.

(Ruth Pfau)

Wasser ist dazu da, dass es mich trägt,
nicht dass ich es in meinem Bauch herumtrage.

(Normannisches Sprichwort)

Genitiv ins Wasser, weil es Dativ ist.

(Spontispruch)

Die Zeit rast, Glück fährt Rad

Melancholie ist mit Radfahren unvereinbar.

(James E. Starrs)

In einem Magazin (*human*) wurde vor einiger Zeit von einem Gespräch über Künstliche Intelligenz berichtet. Da war zu lesen, wie eine Software erklärte, dass und warum sie sich das Fahrradfahren nicht vorstellen kann. Das hörte sich ebenso merkwürdig und komisch wie beruhigend an.

Es gibt also zum Glück noch den Unterschied. Wer ein Fahrrad benutzt, muss leibhaftig unterwegs sein, über Raumgefühl und Gleichgewichtssinn verfügen und zielgerichteten Bewegungsdrang haben – und sich konzentrieren, achtsam sein auf die Umgebung: alles Voraussetzungen für wirklichen Genuss. Eine KI kann kein Glück erleben. Radfahren ist menschlich – zum Glück.

Sicher hat es, wie alles Menschliche, nicht nur schöne Seiten: Es gibt Radpannen. Und es gibt die sogenannten „Kampfradler“, die rücksichtslos und hormongepeitscht drauflospreschen. Echte Rüpel! Es gibt die ausufernden Kohorten von E-Bikern, die – nebeneinander auf schmalen Wegen – die schönsten und ruhigsten Landschaften überfluten. Aber das ist nicht das Wesentliche.

Grundsätzlich, sozusagen philosophisch, kann man doch sagen: Radfahren ist zwar wie Wandern oder Spazierengehen, nur etwas schneller – aber es transformiert, lässt eine neue Qualität von Raum und Zeit erfahren. Es ist naturnah wie Wandern, aber – verglichen damit – doch ein Zugewinn an Freiheit und Selbstbestimmung, an Reichweite. Auch wer Schwierigkeiten mit seinen Füßen hat und längere Wanderungen nicht mehr bewältigen kann – Radfahren geht immer noch. Auf eine andere Stufe gehoben spielt sich das Radfahren etwas mehr über dem Erdboden ab – eben in einer neuen Qualität der Bewegung, die etwas Poetisch-Beschwingtes hat: Die

Bewegung auf Rädern bleibt zwar nah an der Bewegung auf zwei Beinen, ist ebenso selbstwirksam – aber doch komfortabler, wenn man an die Überwindung größerer Entfernungen oder überhaupt an die erste Eroberung der Welt denkt. Und von daher ist Radfahren von Kindesbeinen an: erstrebtes Glück, das Glück der fortschreitenden Welteroberung; als Kind erst torkelndes Gehen und dann das sicherere Stehen auf eigenen Beinen; schließlich vielleicht ein Dreirad als Unterstützung der Stabilität; und zuletzt aber mehr: Der Dichter Dinçer Güçyeter erzählt genau davon in seinem Buch *Unser Deutschlandmärchen:* Als Vierjähriger versucht er, angespornt von seinem Vater, auf einem kleinen blauen Fahrrad auf einem von Pfützen übersäten Parkplatz in immer neuen Anläufen die Pedale zu treten. Immer wieder kippt er um – bis es aber dann letztlich doch klappt. Da ist der Stolz: „Wie neugeborene Welpen torkelten wir nach Hause." Auf einmal verändert sich das Leben, ja die Welt. Am nächsten Morgen ist er schon nach dem Aufstehen aufgeregt, weil er hofft, wieder flitzen zu dürfen: Seine Vorstellung sagt ihm, dass die Welt von jetzt an größer ist, dass es eine neue Freiheit und Unabhängigkeit gibt, noch märchenhafter als die der Gans von Nils Holgersson. Alles andere spielt keine Rolle: „Ich stellte mir vor, ich wäre ein Adler und könnte den gesamten Himmel erobern." Märchenhafte Vorstellung: Schweben, schauen, selig sein.

Die Zeit fährt Auto, so hat Erich Kästner am Anfang des Automobilzeitalters gesagt. Inzwischen müsste man wohl eher sagen, sie sei im Düsen-Jet – rasend im Doppelsinn des Worts – unterwegs. Sie vergeht nicht, sie verfliegt. Das Schöne am Radfahren: Das Tempo der Welt wird wieder auf ein menschliches Maß gebracht. Zeit ist Leben. Aber unser Leben ist eben keine Maschine. Mit dem Fahrrad kann man das buchstäblich am eigenen Leib erfahren: als Muße. Muße beim Radfahren genießen, das heißt: Meine Welt bleibt in Balance. Ich bewege mich und spüre mich selber. Und dabei bin ich selber das Maß im Tempo der Welt – und bleibe es auch, solange ich fahre. Ich kann die Gedanken schweifen lassen und Belastendes loslassen. Wenn man es sonst nicht leicht hat im Leben, immer genug zu strampeln und zu kämpfen hat: Im Strampeln in die Pedale ist das wie aufgehoben. Und wenn es wirklich zwischendurch bergauf geht (wirklich nicht das reinste Vergnügen!) – es geht dann unweigerlich auch wieder vergnüglich bergab. Ich darf einmal gar nichts denken und kann gerade dadurch Leere schaffen und so vielleicht bislang ungedachten Gedanken im Kopf Raum geben. „Mir ist es eingefallen, während ich Fahrrad fuhr," hat der Entdecker der Relativitätstheorie Albert Einstein einmal zugegeben.

Vielleicht ist das Schöne am Fahrradfahren dem Fensterputzen vergleichbar: Es strengt zwar an, aber man sieht nachher klarer. Die Welt wirkt dann auf einmal farbiger und schöner. Auch alltägliche Sorgen relativieren sich, wenn man so – die Augen auf den Weg voraus – ganz im Augenblick und gerade im Gegenwind ganz in der Gegenwart ist. Und immerhin tut man auch etwas für seine physische Gesundheit und Kräftigung – in der frischen Luft, bei jedem Wetter, wenn man all seine Kraft in die Bewegung der Pedale investiert.

Im hektischen Alltag verfliegt die Zeit, beim Spazierengehen vergeht sie allmählich. Beim Fahrradfahren kann man sich, im Rhythmus des Tretens dahinrollend, in den Flow meditieren. Die Zeit kann dann geradezu stehen bleiben in der Bewegung – ja gerade durch die rhythmisierte, immer wiederholte Bewegung. Gerade in der gleichbleibenden Bewegung des Tretens kann man der trüben Monotonie des Alltags entfliehen: eine geradezu homöopathische Kur. Ob Donau, Main, Altmühl, Iller, Kocher oder Mosel: Wer – allein oder mit Freunden – am Ufer eines Flusses entlangradelt, immer schön in der Ebene, die hier nicht Mühen, sondern Genuss verheißt, ohne schweißtreibende Hügel und Höhen dazwischen, und wer dabei immer auf das ruhig strömende Wasser schauen kann, vielleicht zwischendurch auch durch Wiesen und Wälder mäandernd, aber immer wieder zurück zum Fluss, der nicht aufhört zu fließen, der ist dem Glück schon sehr nahe. Vor allem, wenn ihn am Abend nicht nur eine wohltuende Müdigkeit, sondern auch eine herzhafte Brotzeit, ein zufriedener Rückblick, ein kühles Getränk und ein anständiges Bett erwarten. Das ist zumindest meine Erfahrung.

Keiner hat den Genuss, den spirituellen, aber auch physischen Genuss des Fahrradfahrens genauer und sympathischer beschrieben als der Theologe Friedrich Schorlemmer. Es ist das schönste Loblied auf den Genuss des Radelns und sei daher etwas ausführlicher zitiert: „Bewegungsfreiheit als selbstbestimmter Prozess. Glückhafte, leichte Fortbewegung. Ein erreichbares Ziel haben, aber auf dem Weg schon das Ziel erreichen. …Und jenes wunderbare Halten der Balance! Kräftig zutreten und dann ausrollen lassen; im schöpferischen Leerlauf weiterrollen. … Absteigen und parken. Zu Fuß weiterlaufen, zurückkehren, weiterradeln … Die Gedanken fliegen vorbei. Die Welt wird leicht – unter dem offenen Firmament und unter den Augen des hoch oben kreisenden Bussards …

Muße-Momente. Absichtsloses Dasein. Nach vorn schauen. Sich umschauen. Die Lerchen über sich, den Sonnenuntergang vor sich. Den Mückenschwarm durchqueren. Tief einatmen den Duft des frischen Heus, überströmende Ruhe der majestätisch dahinfließenden Elbe. Die Stille genießen. Das Rad schieben. Allein in der Landschaft. Und in der Gemeinschaft mit Freunden. … Am Wegesrand im Grase liegen und blinzeln. Der bestirnte Himmel über dir und das Maß des Menschlichen in dir“ (in: *einfach leben* – Thema: „Lob der Muße“).

Es hört sich an wie ein langes Gedicht – und besagt im Kern: Für den Radler ist die Welt in Ordnung. Und in dieser erfahrenen Balance des Lebens, die Anspannung und Ruhe ins fließende Gleichgewicht bringt, liegt die Poesie seiner Bewegung, liegt der Genuss, liegt sein Glück.

Und wenn wirklich mal die Luft aus dem Reifen geht: das kann man flicken. Und das sorgt für Pausen.

Perlen der Lebenskunst

Der Strohhalm, mit dem ich mich an die Lebensfreude klammere, ist augenblicklich das Bicycle.

(Arthur Schnitzler)

Frischluft? Freiheit! Fahrrad!

(Isabel Trimborn)

Ferien, Urlaub – endlich unendlich Zeit für mich

Ich brauche Urlaub! Zweimal im Jahr,
jeweils sechs Monate wäre perfekt!

(Unbekannt)

„Wenn ick mal tot bin, mach ick, wat ick will.“ Das hat, vor langer Zeit, der Musiker und Liedermacher Friedrich Hollaender in einem Chanson in Aussicht gestellt. Man sollte freilich nicht so lange warten. Urlaub ist bereits das Reich der Freiheit – schon jetzt.

Eine Freundin, von Beruf leidenschaftliche Lehrerin, war – als sie in Pension ging – zunächst froh, aber dann unglücklich. Sie hatte jetzt immer frei. Pflichtfrei, permanent. Was sie vermisste: die Ferien. Ständig Urlaub, das war auch nichts für sie. Der Kontrast zum Alltag macht den Unterschied.

Natürlich gibt es auch die notorischen Urlaubsmuffel, die dieser Idee überhaupt nichts abgewinnen können: Menschen, die immer woanders sein wollen als da, wo sie gerade sind, und sich selber doch überallhin mitnehmen, die sich unter südlicher Sonne nach dem kühlen Norden sehnen (oder umgekehrt), die vom Stau auf Autobahnen berichten, von möglichen Sonnenbränden, wahrscheinlichen Regenschauern oder von ungewohntem (sie nennen es: „ungenießbarem“) Essen und die sich am liebsten einbunkern in dem, was immer ist und was sie kennen und beherrschen – und die selbst von dem Gedanken beherrscht, ja bedrückt sind, dass so viel Arbeit unerledigt liegen bleibt, wenn der Urlaub droht.

Gut und schön.

Aber Urlaub ist anders. Richtige Ferien sind, wenn die Zeit nicht rast, sondern sich dehnt und streckt, sich sozusagen räkelt: Urlaub meint Hingabe an eine Zeit, wie sie sein könnte und sein sollte. Es heißt: genießen, dass die Zeit – und das meint: das Leben – mir gehört. Keiner verfügt jetzt und für eine bestimmte Zeit über mich und mein Leben. Für kurze Zeit gibt es immer wieder, jedes Jahr, eine Rückkehr in diesen idealen Zustand: endlich, auf einmal, hat man unendlich viel Zeit – und damit Freiheit.

„Urlaub", schon das Wort kommt von Erlaubnis und meint ja Freiheit: die Freiheit, dass ich mir erlauben kann, was schön ist und gut tut. Auch das englische „vacances" sagt es: Da ist ein Leer-Raum, den man nach eigener Vorstellung füllen darf. Aber man sollte diesen Raum nicht mit zu großen Erwartungen schon wieder anfüllen. Wer – auch von seinem Urlaub – zu viel erwartet, stellt sich selbst ein Bein.

Urlaub ist Unterbrechung der angenehm paradoxen Art: ununterbrochen Zeit genießen, die nicht von anderen getaktet wird und nicht „zerhackt" ist von alten Pflichten, plötzlichen Terminen, neuen Pflichten. Auch die Sorgen bleiben draußen.

Urlaub heißt: ungeliebte Routinen hinter sich lassen; tun und lassen, was mir gut tut – und auch meinen Kindern, dem Partner oder der Partnerin. Nichts abarbeiten, keine von anderen verordneten Zielvorgaben; nicht auf Ergebnisverantwortung und Qualifizierungsansprüche starren; nicht ständig auf die Uhr schauen, weil ich ja morgen wieder ausgeschlafen zur Arbeit muss. Ich darf „hin und weg" sein.

Für die einen heißt Urlaub: ankommen, dableiben, sich einwurzeln. Die anderen haben das Urlaubsmotto: Nichts wie weg! Möglichst weit weg, zu Wasser, zu Lande und durch die Luft. Hauptsache, immer zu neuen Ufern.

Die einen genießen eine vertraute Umgebung, in die sie immer wieder gerne und mit lang gehegter Vorfreude zurückkehren, einen Ort, den man schon kennt, einen Platz zum Bleiben und Verweilen. Sie goutieren das Bekannte intensiv in immer neuen Nuancen und empfinden überhaupt keine Langeweile dabei. Sie kommen gestärkt, vertieft und erneuert zurück.

Die anderen genießen das Reisen und Unterwegssein. Was sie suchen, ist das ganz Andere. Mit der „Zuhause-ist-es-doch-am-schönsten"-Fraktion haben sie gar nichts am Hut. Sie genießen schon das Planen und Organisieren, überlegen vorfreudig hin und her, vertiefen sich in Reiseführer und studieren voller Neugier Wanderkarten, Fahrpläne und Fahrtrouten, vergleichen Hotels, Pensionen oder Campingplätze, probieren in Gedanken alle möglichen Alternativen durch, bevor sie sich für eine entscheiden. Sie lieben das Fremde und Neue, das Abenteuer, das Exotische und Ungewohnte, noch nie Gesehene, den „Kick". Sie spielen ihre Art von „Stadt, Land, Fluss". Ob hohe Berge oder Mittelgebirgspfade, ob Inseln oder Meer, ob Flusslandschaften, versteckte kleine oder weltläufig große Städte. Ob heißer Süden, cooler Norden, unbekannter Osten oder wilder Westen: sie sind offen für alles: neue Gerichte, neue Menschen und andere Umgangsformen, neue Landschaften, andere Kulturen. Sie verwandeln es sich an, und auch sie kommen erweitert, verändert, rundum erneuert zurück.

Eintauchen kann man allerdings auch in eine Anderwelt, die eigentlich ganz nahe liegen kann. Die einen sagen: Schön ist es auch hier! Das Glück wohnt um die Ecke. Warum nach Thailand jetten oder nach Neuseeland? Nicht einmal eine der berühmten Seenplatten im Osten oder die vielbefahrene Fahrradstraße an der Donau entlang, von Passau bis Wien und weiter zum Schwarzen Meer, muss es sein: zu Hause bleiben, im Stadtwald wandern, den Garten nutzen oder den Balkon zur Bleibestation umwandeln; oder seine Bahnen im Schwimmbad ziehen oder am Baggerweiher liegen; mit dem Blick in den blauen Himmel Luftschlösser bauen; oder am helllichten Tag Träumen nachhängen. Und wenn man dann wieder auf den Boden kommt und zu Fuß in die Stadt geht: welch ein Vergnügen, sich unter lauter Leuten zu bewegen, die jetzt jeden Tag zur Arbeit müssen. Unschuldige, aber tiefe und herzliche Schadenfreude.

Das mögen zwar Reisemuffel sein. Aber Urlaubsverächter sind sie keineswegs. Sie wollen da sein, aber nicht dort sein.

Dasein. Das wär's doch, nein: Das ist es.

Auch ein solcher Urlaub kann sehr ausgefüllt sein. Eine lange Wanderung, bis die Beine müde werden. Und dann zu Hause die Füße hochlegen. Duschen, ausruhen, Vorfreude auf ein gemütliches Glas Rotwein am Abend. Und in der Nacht dann Glühwürmchenschwärme beobachten oder einfach nur in den Sternenhimmel schauen.

Jetzt endlich könnte man auch den Vorschlägen kluger Redakteure folgen, die meist in den Sommerwochen oder vor den Weihnachtsferien Lektüretipps kundtun. Man könnte wieder ausgiebig lesen: Dazu muss man nicht an die Adria fahren. In die Lektüre kann man eintauchen wie in ein kühles Bad im Meer. Diese Leselisten sind meist lang. Am besten gefiel mir in der Liste der Empfehlungen aber jener Redakteur, der empfahl: Kein Buch, keine Zeitung, keine Kopfhörer, kein Bildschirm, keine Leinwand! Sondern sich auf eine Bank im nahe gelegenen Park oder am Strand oder in ein Café um die Ecke setzen, Menschen beobachten und sich zu jedem eine Geschichte ausdenken ...

Den Urlaub genießen – das ist Genuss hoch drei. Nach der Vorfreude, dem Planen, dem Sich-Einstimmen kommt schließlich das aktuelle, ganz bewusste und präsentische Erleben – und danach, wenn alles vorbei und gut verlaufen ist (oder zumindest sich in der Erinnerung nur das ausgewählt Schöne festgesetzt hat und festgehalten wird): die Erinnerung, die Nachfreude, das Nachkosten, das Erzählen – das gleichzeitig wieder Vorfreude auf das nächste Mal weckt. Ein Perpetuum mobile, ein nachhaltiger, wunderbarer Kreislauf. Und das ist etwas ganz anderes als die ewige Wiederholung des immer gleichen Alltags.

„Unterbrechung – die kürzeste Definition von Religion", hat der Theologe Johann Baptist Metz einmal gesagt. So gesehen hat auch Urlaub, die Befreiung von allen auf Arbeit ausgerichteten Zielen und Zwecken, eine spirituelle Dimension. Gott selber hat am siebten Tag geruht. Auch der Mensch braucht Pausen. Das ist der Sinn des Sabbats oder des Sonntags. Es ist die Zeit, in der wir einfach nur leben. Der jüdische Psychologe Erich Fromm hat den siebten Tag der Woche einmal so bestimmt: „Am Sabbat lebt der Mensch, als hätte er nichts, als verfolge er kein Ziel, außer zu sein, d. h. seine essentiellen Kräfte auszuüben – beten, studieren, essen, trinken, singen, lieben."

Urlaub ist so etwas wie der Sabbat des Jahres, ein persönliches „Sabbatical": ankommen bei sich selbst; zur inneren Ruhe und in seinen eigenen Rhythmus finden; nichts müssen; alles dürfen, was schön ist und gut tut.

Irgendwann ist allerdings die schöne Zeit vorüber, vorbei. Aber nichts ist ganz verloren. Jedenfalls die Erinnerung bleibt. Und hoffentlich Dankbarkeit.

Perlen der Lebenskunst

Ein guter Reisender hat keine festen Pläne
und denkt nicht ans Ankommen.

(Lao Tze)

Ich war noch nicht überall,
aber es steht auf meiner Liste.

(Susan Sontag)

„Wir haben heuer mal eine Weltreise gemacht.
Aber ich sag's Ihnen gleich, wie es ist:
Da fahren wir nimmer hin."

(Gerhard Polt)

Obwohl wir die Welt bereisen, um das
Schöne zu finden, müssen wir es doch in uns tragen,
sonst finden wir es nicht.

(Ralph Waldo Emerson)

Niemand merkt, wie schön es ist, zu reisen,
bis er nach Hause kommt und seinen
Kopf auf seinem alten, vertrauten Kissen bettet.

(Lin Yutang)

Lust auf Lesen – Lust am Leben

Im Bett sollte man nur leichte und unterhaltsame
Lektüre zu sich nehmen, sowie spannende und
beruhigende, ferner ganz schwere, wissenschaftliche und
frivole, sowie mittelschwere und jede sonstige,
andere Arten aber nicht.

(Kurt Tucholsky)

Wer weiß schon, dass „Apotheke" ursprünglich eigentlich „Ablage" bedeutet – und früher auch als Wort für Bibliothek benutzt wurde? Eigentlich aber einleuchtend: Wo sonst bekommt man so vielfältige Heilmittel für alle Leiden der Seele, aber auch appetitanregende Genussmittel und Hungerstiller gleichermaßen obendrein?

Der Zusammenhang ist allerdings verloren gegangen. Kein Wunder also, dass ein französischer Autor sagen konnte: „Wenn es mir schlecht geht, gehe ich nicht in die Apotheke, sondern zu meinem Buchhändler" (Philippe Djian).

Natürlich kann man auch lesen, um zu lernen und sich etwas einzupauken, um eine Information zu vertiefen, um die Komplexität der Welt besser zu verstehen oder einfach auch nur, um sich zu unterhalten und sich nicht zu langweilen. Oder um wach zu bleiben – aber auch um einzuschlafen. Vergnüglich muss das alles nicht sein. Nicht umsonst spricht man von *Pflicht*lektüre. Und natürlich können auch Geschichten frustrierend, deprimierend und dröge sein.

Auch die Art und Weise, wie man liest, kann man sachlich-nüchtern gestalten oder genießerisch anpassen: am Schreibtisch, am Lesepult, im Sessel, auf einem Stuhl, im Bett liegend, sogar unter der Bettdecke, im Zug oder – bei wichtigen Personen, die im Dienstwagen unterwegs sind und Akten lesen müssen – sogar im Auto. Aber auch solche Pflichtleser erinnern sich an andere Zeiten und andere Modalitäten. In einem Interview bekannte etwa Kanzler Scholz: „Früher habe ich auch einfach auf dem Boden gesessen, an der Wand gelehnt und gelesen."

Aber damals las der spätere Politiker auch noch bevorzugt Science-Fiction. Science-Fiction, das erlaubt den neugierigen Blick in die Zukunft, spielerisch zwar, aber konkret und anschaulich. Für jemand, der an der Gestaltung von Zukunft interessiert ist, der von der Vorstellung der Veränderbarkeit der Welt angetrieben wird, ist es sicher ein Genuss, in andere Zeiten vorzustoßen, neugierig Türen aufzutun – im Sinne spielerischer Erkenntniserweiterung. Bücher sind dann wie Reisevehikel. Und Lesen ist da genussgetriebene Neugier, vergleichbar der Lust am Reisen, am Kennenlernen anderer Welten. Es ist die Freude an der Phantasie, die die Begrenztheit des eigenen aktuellen Wissens übersteigt.

„Schon früh habe ich angefangen, Buch um Buch zu verschlingen" – so beginnen viele Erzählungen von Lesebiografien. Da ist der Durst nach Geschichten. Hunger und Durst sind elementar. Wenn die Geschichten gut sind und die Erzähler die Seele des Lesers berühren, werden Bücher zu Lebensmitteln.

Ich genieße sie, gerade indem ich im Vollzug des Lesens völlig außer mir bin. Und das nicht nur, insofern ich die Zeit vergesse und in einen Zustand jenseits von Raum und Zeit versetzt werde. Vergnügliche Flucht aus einer langweiligen Gegenwart in eine Welt voller Abenteuer kann das sein, Spannung oder Romantik, aber auch ein Eintauchen in eine klarere, transparentere Welt: Neues erfahren, Teilhaben an der Erkenntnis anderer, Wühlen in einer Schatzkiste voller Überraschungen, Wahrnehmung von neuen Zwischentönen – und auch das Wahrnehmen von Spannungen und Widersprüchen. Man kann erfahren, wie bereichernd es ist, die Welt mit anderen Augen zu sehen, eigene Unklarheiten zu überschreiten. Worüber der Autor vielleicht sein Leben lang nachgedacht hat, das kann ein anderer jetzt, im Moment des Lesens, in die glückliche Erfahrung eigenen Erkennens ummünzen.

Noch in einem anderen Sinn ist Lesen Genuss, Zeit-Genuss: Lange vor den Sportübertragungen im Fernsehen bot das Lesen die Möglichkeit der slow motion, der Zeitlupenwiederholung, und es tut das immer noch. Und die Regie dafür hat man in der eigenen Hand. Man kann die spannungsgetriebene Handlung sozusagen lebensecht in aller Rasanz verfolgen, atemlos vorwärtsblätternd – oder in aller Seelenruhe zurückblättern und vorblättern. Man kann sich zurücklehnen, durchatmen und einen Satz, eine Passage noch einmal an sich vorbeiziehen lassen. Jedes einzelne Wort, jedes Bild kann man noch einmal vergegenwärtigen und auskosten. Wenn man die Spannung im Krimi nicht mehr aushält – wer hindert einen schon, die Auflösung am Ende vorwegzunehmen und in aller Ruhe und mit größtem Genuss den Autor bei der Ausübung seines Handwerks zu beobachten, ihm dabei zuzuschauen, wie er die Fährten legt, den Leser an der Nase herumführt und ihn dann schließlich doch zum Ziel bringt?

Schon für junge Menschen können Bücher zudem Trost sein. Trost und Genuss sind zwar etwas Unterschiedliches, aber beides ist positive emotionale Stärkung. Da erzählt jemand, dass eine Geschichte, *Paul allein auf der Welt*, ein Kinderbuch, ihm den Trost nahebrachte, dass man eben nicht allein ist auf der Welt. Und eine andere, dass ihr Astrid Lindgrens Geschichte *Die Brüder Löwenherz* schon als Kind viel über Freundschaft und Liebe und die Bedeutung des Todes nahegebracht hat. Und dass diese Erfahrung ihr zeitlebens geholfen hat, Schicksalsschläge zu ertragen. Und Goethes Gedicht *Über allen Wipfeln ist Ruh*, das sie in der Schulzeit zum ersten Mal gelesen hat, vermittelt einer älter gewordenen Frau immer noch das Gefühl von kosmischer Geborgenheit.

Ein weiterer Zeit-Aspekt: die Wiederholung. Man kann, wenn man Bücher im Abstand von mehreren Jahren neu liest, entdecken, dass auch Bücher ein Leben haben, dass sie mit uns mitleben und uns heute ganz andere Dinge sagen und offenbaren als damals, vor vielleicht zwanzig Jahren oder zur Schulzeit.

Mikroabenteuer sind der große Renner in der alternativen Freizeitindustrie: Nicht in Afrika, Australien oder in der Wüste Gobi spielen sie, sondern vor der eigenen Haustüre kann man sie genießen. Das Lesen geht noch einen Schritt weiter, denn im eigenen Kopf spielt sich schließlich alles ab: Abenteuer, die die Umwelt nicht belasten.

Im stillen Lesen genießt man beides: das Alleinsein und die Teilhabe an der Welt. Lesen hebt die Einsamkeit auf: Wer liest, ist nicht allein. Er oder sie hat einen Begleiter, möglicherweise einen inneren Dialogpartner, einen Ratgeber vielleicht sogar. Auf jeden Fall bewegt er sich in einem Resonanzraum, der ihm die Orientierung erleichtert, vielleicht sogar erst ermöglicht. Wir begegnen der Welt, anderen Möglichkeiten des Lebens, aber auch uns selber in immer neuen Gestalten, Möglichkeiten, Varianten – sehen uns wie in einem Kaleidoskop-Spiegel immer wieder überraschend neu. Die Figuren erinnern uns an eigene Möglichkeiten. Erfahrungen im wirklichen Leben erinnern uns an Gelesenes. Lesen macht das Leben vielschichtiger, differenzierter, bunter – reicher.

Das Leben selbst in einer Begegnung genießen, das ist Lesen im Kern: Ich begegne mir selbst. Indem ich von anderen lese, sagte Martin Walser einmal, grabe ich in mir selber herum, und „dieses Herumgraben in mir selbst (macht mir) oft mehr Vergnügen als das Atmen, ja es macht mir zuweilen sogar das Atmen wieder vergnüglicher".

Trotzdem eine skeptische Nachfrage: Hat das denn alles Bestand und Zukunft, wenn doch heute schon klar ist, dass beim Siegeszug der künstlichen Intelligenz Maschinen alles lesen werden, was an Texten digitalisiert zur Verfügung steht – und das ist bald so gut wie alles –, und wenn jeder sehen kann, dass das konzentrierte Lesen an Bildschirmen zumindest bei den *digital natives* gerade aus der Übung kommt?

Professoren, die über die Konzentrationsschwächen ihrer Studenten klagen, berichten, dass gerade ihre exzellenten Studenten oft Ballett oder Musik als Hobby haben: also lustbetonte Tätigkeiten, die Konzentration verlangen. Und klar ist auch: Eine aktive Freude an einer Welterschließung, wie das ambitionierte Versinken im Lesestoff sie bieten kann, wird die KI nicht bewirken. Miguel Salas, der an einer spanischen Universität Studenten für das Lesen zu begeistern versucht, bringt es auf den Punkt: Lesen bringt dich nicht nur mit einer fremden Welt in Verbindung. Es macht auch erlebbar, dass bei all den Unterschieden eine Gemeinsamkeit des Menschlichen besteht. Diese Einsicht, diese Verbundenheit, sagt Salas, ist der eigentliche Genuss.

Perlen der Lebenskunst

Du öffnest ein Buch. Das Buch öffnet dich.

(Chinesisches Sprichwort)

Irgendwann entdeckte ich: Mensch,
es gibt ein anderes Leben,
und das Lesen ist der Weg dorthin.

(Richard Ford)

Fernsehen bildet. Immer wenn der Fernseher an ist,
gehe ich in ein anderes Zimmer und lese.

(Groucho Marx)

Ein Zimmer ohne Bücher
ist wie ein Haus ohne Fenster.

(Orientalische Weisheit)

Der Himmel besteht aus ununterbrochenem,
niemals ermüdendem Lesen.

(Virginia Woolf)

Das Paradies habe ich mir immer
als eine Art Bibliothek vorgestellt.

(Jorge Luis Borges)

Verbunden – allein und in Gemeinschaft

Wenn du geliebt werden willst:
Liebe und sei liebenswürdig.

(Benjamin Franklin)

„Wenn ich unter Menschen bin, bin ich wie auf Ferien", hat Christian Morgenstern einmal gesagt. Sehr sympathisch. Aber es gibt auch sympathische, sehr sensible, offene und freundliche Menschen, die es einfach nicht ertragen, wenn zu lange zu viele Menschen um sie herum sind, und die nahezu in Panik geraten und „Nichts wie weg!" rufen, wenn sie in größere Menschenmengen geraten. Ihre Sehnsucht: allein sein, Ferien von den anderen! Die einen begeben sich, allein und zu Fuß, auf Pilgerschaft. Andere träumen von der einsamen Insel. Wieder andere ziehen sich für ein paar Wochen in ein Kloster zurück. Kleine, zeitweise Fluchten – sie können eine tiefe Sinn- und Glückserfahrung sein: niemanden in der Nähe zu haben, auf dessen Bedürfnisse man permanent Rücksicht nehmen muss, frei von Ansprüchen oder Ansinnen anderer. „Bei sich sein": das ist diesen Menschen dann schon Gemeinschaft genug. Auch das ist sehr nachvollziehbar, frei nach und ganz im Sinne von Wilhelm Busch: „Wer einsam ist, der hat es gut, weil keiner da ist, der ihm was tut."

Manche suchen sie, viele fürchten sie: Einsamkeit ist eine besondere Erfahrung. Aber auch eine Grundgegebenheit. Sie begleitet uns ein Leben lang, bis zum Ende. Aber auch das stimmt: Keiner ist eine Insel. Wir leben von Anfang an immer in Beziehung, ja wir verdanken unser Leben einer Beziehung. Aber wir sind immer auch Einzelne.

Überraschenderweise sagt der Philosoph Odo Marquard: Nicht die Einsamkeit, sondern die Unfähigkeit zur Einsamkeit sei das eigentliche Problem. Und die amerikanische Soziologin Sherry Turkle bringt die Situation der total vernetzten und immerzu kommunizierenden, chattenden, telefonierenden, mailenden, twitternden

Facebook- oder Tiktok-Generation auf das paradoxe Bild: „Verloren unter hundert Freunden". Manche geraten in Panik, wenn sie ihr Smartphone vergessen haben. Sie fühlen sich dann wie amputiert. Was passiert da mit uns und den anderen? Turkle: „Die anderen werden zu einer Art Ersatzteillager für das, was uns fehlt."

Alle, die Einsamkeit im positiven Sinn erfahren, fühlen sich mit all dem, was in ihnen ist – an Bildern, Erinnerungen, Gedanken, Gefühlen und Vorstellungen –, in guter, interessanter, spannender und bereichernder Gesellschaft. Wenn Zuwendung, Zuhören und Lieben zusammengehören, ist es auch ein Akt der Selbstliebe, sein eigenes Inneres nicht zu vernachlässigen, in sich hineinzuhören, auf eigene Bedürfnisse zu achten.

Es gibt natürlich auch die leidvolle Einsamkeit. Denn wir leben von Anerkennung, Vertrauen, Zuwendung, Wertschätzung und dem Gefühl der Bestätigung durch andere. Wir brauchen die anderen, damit wir zu uns kommen. Wir brauchen aber auch die Fähigkeit zur Selbstreflexion, zur Begegnung mit uns selber, um gemeinschaftsfähig zu werden. Nur wer in sich steht, ist auch zu wirklicher Gemeinschaft fähig.

Und auch hier liegt eine Quelle der Lebensfreude. Und oft ist das sehr konkret und einfach: sich mit anderen zu einer Wanderung oder einem Spaziergang verabreden – oder zu einem Besuch im Fußballstadion, zu einem Konzert oder zu einem Glas Wein. Man freut sich einfach an der Gemeinschaft, an der Vertrautheit, findet sich im ganz unprätentiösen Austausch getragen von vertrauten Menschen, gehalten in den Beziehungen: „Allein machen sie dich ein", heißt es im Ruhrgebiet. Gemeinsamkeit macht stark, lässt Sicherheit erfahren. Man trifft und begegnet sich und geht dann – im Wissen um das Netz, das einen trägt – wieder seiner Wege. Erfahrungen mit anderen zu teilen, sich über gemeinsam Erlebtes auszutauschen, Teil einer Gemeinschaft zu sein, das bereichert auch. Es ist schön.

Gemeinsamkeit braucht aber auch Zeit. Ein simples Beispiel: gemeinsam kochen. Der eine schnipselt das Gemüse, die andere macht sich an die Sauce, der Dritte bereitet den Salat vor, die Nächsten machen die Nachspeise – und bei allem hat man den gemeinsamen Genuss immer im Blick, der dann am Ende steht: die Vorfreude, das gemeinsame Essen, die gemeinsam genossene Zeit – Mahlzeit! Die Gemeinsamkeit stellt sich über die Details her. Schmecken, probieren, kosten, sich über Geschmäcker austauschen, gemeinsam essen, sich unterhalten. Das darf auch an der Oberfläche bleiben und Plauderei sein: die „Wonnen des Gewöhnlichen" eben. Aber dabei muss es nicht bleiben: Jederzeit kann es tiefer, grundsätzlicher werden.

So viel Zeit muss sein. Denn ein besonders intensiver Genuss in der Gemeinschaft ist gewiss das ernsthafte Gespräch: Man erkundet etwas, was beide interessiert. Man versucht sich, den anderen und das Leben zu verstehen und gemeinsam etwas zu ergründen. Man freut sich an der überraschenden Sicht des Gegenübers und genießt den gemeinsamen Weg des Denkens: neue Einsichten, die auch die Verbindung vertiefen. Aber auch die Pausen, das gemeinsame Nachdenken, vielleicht auch das gelegentliche Schweigen, all das gehört zu einem guten Gespräch.

Es gibt schließlich gemeinsame Projekte, die Genuss versprechen – und sei es die gemeinsame Planung, etwa für eine Reise. Auch Spielen kann man gemeinsam: Da ist

Freude an der Interaktion, am Bezogensein, auch Wettbewerb und Kräftemessen, aber ohne Verbissenheit, und vielleicht auch Freude am Gewinnen. Lesen kann man zwar nicht gemeinsam, aber über das Gelesene sich austauschen. Manche kultivieren daher Gesprächskreise zu gemeinsam-getrennt gelesenen Büchern. Sie sammeln die Einsichten anderer und bereichern damit ihre eigene Erfahrung – mit beglückenden Ergebnissen.

Gemeinschaft erlebt man also nicht nur in intimen Beziehungen, mit dem geliebten Menschen, dem Partner oder dem Freund. Da natürlich besonders. Man erlebt das aber auch – in abgestuften Graden – in der Familie, mit der Verwandtschaft, aber auch mit Gästen, mit denen man kurz das Leben und die Wohnung teilt. Und auch mit Nachbarn, von denen mal ein Gerät borgt, die einem im Urlaub die Blumen gießen oder denen man Salz und Brot leihen kann, wenn das in deren eigener Küche ausgegangen ist. Oder man erlebt es mit Kolleginnen oder Büronachbarn, denen man ein gutes persönliches Wort gönnt, über deren persönliche Situation man „en passant" vielleicht etwas Berührendes erfährt, wenn man mit ihnen jenseits der beruflichen Absichten von Mensch zu Mensch spricht und nicht weil man etwas von ihnen „will". Das kann, wenn Offenheit da ist, eine ganz tiefe Dimension haben. Oder mit beruflichen Partnern, bei denen es nicht nur um Kooperation und Zielvereinbarungen geht, sondern mit denen man einfach auch einmal nur zweckfrei – lachen kann.

Mit sich und mit anderen Glück erfahren, darum geht es: in Beziehung sein, Beziehungen Raum geben, sie leibhaftig erfahren. Es geht um Beziehung zu anderen, aber auch zu dem, was man „das Ganze" nennen könnte.

Nicht nur Mystiker und Künstler wissen das – aber auch die. Die Malerin Etel Adnan etwa sagt: „Im Malen drückt sich meine glückliche Seite aus, jene, die mit dem Universum eins ist." Verbundenheit mit dem Ganzen erfahren kann aber nicht nur ein begnadeter Künstler, sondern auch wer sich zuhörend ganz einem Musikstück hingibt oder in ein Buch eintaucht und sich dabei vergisst, wer ein Kunstwerk betrachtet und darin aufgeht. Auch wer ganz ungestört die Natur wahrnimmt und in sich aufnimmt, und auch wer betet oder meditiert und sich einlässt auf die Beziehung zu einen tieferen Grund seiner selbst, der kann das erleben, was die schwedische Autorin Patricia Tudor-Sandahl einmal „gesegnete Augenblicke" nannte.

Machen kann man das auch im Alltag – allein, aber auch in Gemeinschaft mit anderen. Erleben kann es, zum Beispiel, wer tanzt, sich tragen lässt von einer Melodie, mit einem anderen „mitspielt", sich einschwingt in einen gemeinsamen Rhythmus. Oder wer musiziert oder mit Hingabe singt, allein oder im Chor. Eva-Maria Bohle meint: „Singen ist eine Standleitung ins Paradies!"

Es gibt eben verschiedene Formen der Verbundenheit. Nähe und Distanz sind Wege dazu. Die Welt wird zu einem freundlicheren Ort, und wir selber sind jedenfalls glücklicher und erfüllter, wenn wir Verbundenheit in allen Dimensionen erleben, wahrnehmen, pflegen und genießen – sei es allein oder in der Gemeinschaft mit anderen.

Perlen der Lebenskunst

Lerne, allein zu sein.
Wer allein sein kann, wird nie mehr einsam sein.

(Thomas Browne)

Ununterbrochene räumliche Nähe
lässt die menschlichen Beziehungen verdorren.

(Zenta Maurina)

Kein Glück ohne Gast.

(Christian Morgenstern)

Freund sein, Bruder sein, lieben, das öffnet das
Gefängnis durch eine höhere Macht, durch eine magische
Kraft. Ohne diese bleibt man im Gefängnis.
Wo Sympathie erneuert wird, wird das Leben neu.

(Vincent van Gogh)

Vergiss nicht, dich selbst zu lieben.

(Søren Kierkegaard)

Die Schönheit des Helfens und Tröstens

Es ist schön, ein hungerndes Kind zu sättigen,
ihm die Tränen zu trocknen, ihm die Nase zu putzen,
es ist schön, einen Kranken zu heilen.
Recht und Gerechtigkeit sind auch schön,
auch sie haben ihre Poesie, wenn sie vollzogen werden.

(Heinrich Böll)

Ich stutzte, als ich den Satz damals bei der Fernsehübertragung hörte: *„Una bella cena natale“* – „ein schönes Weihnachtsessen!“ – damit beendete Papst Franziskus 2020 seine weihnachtliche *Urbi-et-orbi*-Botschaft. Und das wünschte er, nachdem er eine aus den Fugen geratene Welt ins Visier genommen hatte: Pandemie, Kriege und Terror, Hungersnöte und Verfolgungen, ökologische Krisen und Naturkatastrophen. Mit dem abschließenden Wunsch wurde nichts beschönigt, nichts relativiert. Das war kein Hilfsprogramm. Aber irgendwie tröstlich klang es doch: Es gibt da noch eine andere Wirklichkeit. Auch sie ist real. Und man darf sie – trotz allem – auch genießen.

Konkrete Not verlangt natürlich in erster Linie nach einer konkreten Antwort. Es kommt aber gar nicht immer auf Effizienz an, auch nicht beim Helfen. Im Neuen Testament, im 25. Kapitel des Matthäusevangeliums, steht es schon: Auch wer Kranke besucht, wird gepriesen, nicht wer Kranke heilt. Wer Gefangene aufsucht (und nicht wer sie befreit), kommt in der Gerichtsrede Jesu gut weg, weil er andere in ihrem Elend nicht allein lässt.

Wer anderen hilft, tut aber auch sich etwas Gutes. „Geben ist seliger als nehmen“, sagt das Sprichwort. Da ist der ehemalige Beamte, jetzt im Ruhestand, der Schichtdienst bei der Telefonseelsorge macht und sich die Nöte anderer anhört, auch wenn er ihre Probleme meist nicht beheben kann. Warum tut er es? Schlicht, weil es ihn nicht gleichgültig lässt, wie hart viele Menschen kämpfen, mit sich und ihrer Umwelt, ihrer Vergangenheit und ihrer Angst. Er hört zu und hilft ihnen so, durch die Nacht ihres Lebens zu kommen. Und das tut auch ihm gut. Da ist der österreichische Sozialarbeiter Karl Rottenschlager, der zunächst entlassenen Strafgefangenen und heute auch psychisch Kranken und Flüchtlingen eine Heimat schafft in einer Organisation, die er „Emmaus“ nannte. Er hilft nicht nur konkret, sondern feiert zusammen mit ihnen Feste, geht mit ihnen wandern, vermittelt so neue Lebensfreude, Geborgenheit, Zuversicht – neue Chancen, ihr Leben zu genießen. Und er sieht darin auch den Sinn seines eigenen Lebens: andere nicht allein zu lassen. Aber die Rollen können auch umgekehrt sein: Da ist eine Frau mit einem Rollator vor der Arztpraxis und bringt die Türe nicht auf – bis ein junger Mann kommt und ihr hilft. Sie strahlt vor Dankbarkeit. Und Ulrike Posche, eine Helferin bei der Flutkatastrophe im Ahrtal, schreibt über ihre Erinnerung daran: „… pures Glück, zum Weinen schön. Zugegeben, es war nur ein einziger Tag in meinem Leben. Aber es war einer von den erfüllten“ (*Mut. Magazin für Lösungen*, 2023).

Warum tut es eigentlich auch dem Helfenden gut, einem anderen zu helfen? Möglicherweise hängt es wirklich damit zusammen, dass wir im Tiefsten miteinander verbunden sind. Das zu spüren, es in der Solidarität anderer zu erfahren – und es selber aktiv zu leben –, das lässt uns intensiver leben. Wer hilft, schafft menschliche Wärme und Offenheit, bekommt oft einen unerwarteten Zugang zu anderen Menschen – und erntet vielleicht Dankbarkeit: also eine Wertschätzung, die ihn sonst nicht erreicht hätte. Viele erfahren es: dass Helfen erfüllend ist und das Ich stärkt, dass es zu einem guten Leben gehört.

Wenn etwas „tröstlich“ ist, heißt das: Es ist nicht alles in Trümmern. Da gibt es noch etwas anderes, es gibt Schönes und Gutes, woran man anknüpfen, worin man Halt finden kann. Es gibt die Natur, die Sonne, Blumen, Bäume, den Schlaf, die Nähe anderer Menschen. Und wenn wir das spüren, wenn wir die Zuwendung annehmen, geht es uns besser. Oft sind es auch in schwierigsten Situationen einfachste Dinge, die helfen.

Gabriele von Arnims Buch *Das Leben ist ein vorübergehender Zustand* (2021) hat mich sehr beeindruckt. Darin beschreibt sie, wie es ihr erging, nachdem ihr Mann zwei Schlaganfälle erlitten hatte. Sie hat ihn über Jahre gepflegt. Natürlich gibt es den Schmerz, sagt sie. Es gibt aber auch die positive Erfahrung, dass gerade jetzt die kleinen Momente kostbar sein und als Balsam empfunden werden können: der Blumenstrauß, ein gutes Essen, rosafarbene wandernde Wolken, ein Anruf. Das bewusste Wahrnehmen und Genießen solcher Momente, sagt sie, kann einen aus der Schwere herausheben und dazu beitragen, dass man wieder mitleben und Stunden der Erholung erleben kann, trotz allem.

Eine andere, ähnliche Geschichte erzählt Connie Palmen: Ein halbes Jahr nach der Hochzeit starb der Mann der niederländischen Schriftstellerin. Sie hat darüber das *Logbuch eines unbarmherzigen Jahres* (2013) geschrieben. Es handelt nicht nur von ihrer Trauer, sondern auch vom Trost der einfachen Dinge, die früher zu den alltäglichen Genüssen gehörten. Und wenn jetzt in ihrem Freundeskreis jemand seinen Mann oder seine Frau verliert, weiß sie, was zu tun ist: „Ich mache einen großen Topf Suppe, packe ein paar Sachen ein, fahre hin und sage fast nichts. Ich empfange den Besuch, damit der Trauernde sitzen bleiben kann. Ich mache Kaffee, hole Wein, all die einfachen Dinge."

Was Körper und Seele gut tut und hilft, die Erstarrung in der Verzweiflung zu lösen, kann trösten. Das ist eine alte Erfahrung. Thomas von Aquin, der große Theologe des Mittelalters, hat darüber eine eigene Abhandlung geschrieben (*Summa theologica,* $\text{I}^{a}\text{II}^{ae}$, q. 38). Er sah Trostquellen in der Wirklichkeit selber, in unserer natürlichen Umgebung ebenso wie in der Mitwelt, in mir selbst wie in der Fähigkeit, mich zu übersteigen: im Annehmen der Wahrheit, im Gebet etwa, aber auch in den Tränen. Auch Freundschaft, lustvolle Freude und ganz konkret Bad und Schlaf nennt er – insgesamt sieben Tröstungen. Nicht alles wird man im landläufigen Sinn als „Genuss“ verstehen. Was sie aber gemeinsam haben, ist, dass sie die leidvolle Isolation aufbrechen und freudvolle Erfahrungen bewusst anstreben. Der Schmerz wird durch die Lust, also den Genuss, auch nicht ganz aus der Welt geschafft, aber doch gemildert oder gelindert. Ein im Schmerz vorher nur auf sich zurückgeworfener Mensch kann dann neu Verbundenheit erfahren. Verbundenheit ist das Entscheidende.

Dazu gehört auch also alles, was die Lebensfreude weckt und Leichtigkeit stärkt, was einen selber oder einen anderen herauslockt aus der eigenen Schwere, was wieder verbinden kann mit dem Leben – nicht im Sinne des Konsumierens, nicht als Lustmaximierung, sondern als Auskosten des Freudenpotenzials der Wirklichkeit.

Dieser Weg zum Seligsein steht jederzeit offen. „Hilf einem Menschen zu mehr Leben. Dann wirst du selbst lebendiger werden“ (Anselm Grün).

Und manchmal, wenn alles in einem kalt ist, hilft es tatsächlich schon, wenn einem jemand eine heiße Suppe anbietet. Und es tut, inmitten des Elends der Welt, auch ein schönes Mittagessen gut. Da hatte der Papst recht!

Perlen der Lebenskunst

Wer ein Leben rettet, rettet die ganze Welt.

(Koran, Talmud)

Wer andere sättigt, wird auch selber gesättigt.

(Spr 11,25)

Allein die Tatsache, dass der andere leidet, verdient dein Mitgefühl. Ein Mensch, der kein Mitgefühl in sich trägt, kann niemals wirklich glücklich sein.

(Thich Nhat Hanh)

Gebt berauschenden Trank dem, der zusammenbricht, und Wein denen, die im Herzen verbittert sind!

(Spr 31, 6)

Gold wert: Freundschaften

Die nehmen aus dem Weltenraum die Sonne weg,
die aus dem Leben die Freundschaft wegnehmen.

(Cicero)

Im Jahr 2011 haben die Vereinten Nationen den 30. Juli zum „Internationalen Tag der Freundschaft" gemacht. Und 2022 war das Ergebnis der Allensbacher Markt- und Werbeträgeranalyse: Mehr als 84 Prozent der Befragten betrachten gute Freunde und enge Beziehungen als besonders erstrebenswert im Leben (eine glückliche Partnerschaft nannten nur 75 Prozent). Freundschaft ist Gold wert, darin sind sich alle einig. Nicht nur in extremen Notsituationen, sondern auch im Alltag. Was macht sie so kostbar? Und wieso genießen wir die Nähe von Freunden?

Tanja Hollander ist Amerikanerin, zu Hause in Maine, Fotografin von Beruf, jung, vernetzt, mit vielen Bekannten, weltweit. Natürlich war sie auf Facebook. Sie chattete mit ihrer Freundin in Jakarta, hielt Kontakt mit nahen Bekannten in Paris oder in Griechenland. Exakt 626 Freunde hatte sie schon vor zehn Jahren auf Facebook, als sie sich zu einem Experiment entschloss. Sie wollte es jetzt wissen: „Are you really my friend?" – „Bist du wirklich mein Freund?" So nannte sie ihre Aktion. Sie wollte einfach einmal hinfahren, sich mit den Leuten wirklich treffen, mit ihnen Zeit verbringen – und herausfinden, was Freundschaft ausmacht. Sie klapperte also ihre Facebook-Bekanntschaften ab und traf sich auch mit denen, die sie bislang nicht persönlich kannte – und machte wunderbare Erfahrungen, die man nicht in der virtuellen Welt, nur in der Realität machen kann: Vertrauen, Freundlichkeit, Großzügigkeit sind keine Seltenheit, und das Netz der Beziehungen wird tragfähiger, engmaschiger, wenn man Ja sagt zu anderen. „Schön, dass du da bist, komm rein!" Das war die Erfahrung, die sie sehr oft machte. Aber das erlebt nur, wer die virtuelle Realität verlässt und sich auf das wirkliche Leben einlässt.

Es gibt „Freunde“ und „gute Freunde“. Gute Freunde bleiben etwas Rares. Geschäftsfreunde, Sportfreunde, Parteifreunde, Wanderfreunde – das ist das eine. Aber ein Zechkumpan ist noch kein Herzensfreund, und Geschäftsfreundschaften zerbrechen leicht, wenn die Interessen nicht mehr die gleichen sind. Menschen, die in unserer Nähe sind, sind uns noch nicht nah. Das Leben ist leichter mit anderen. Wir brauchen Menschen, die ähnliche Interessen, Hobbies, vielleicht sogar die gleichen Probleme haben wie wir. Freunde fürs Leben müssen sie deswegen aber noch nicht sein.

Freunde, die in den unterschiedlichen Lebenslagen, vielleicht sogar für unterschiedliche Zwecke gewonnen und geschätzt werden, erweisen sich als wahre Freunde, wenn diese Zwecke wegfallen: Wenn eine plötzliche Krankheit den Museumsbesuch mit der Freundin nicht mehr möglich macht und die Freundin dennoch kommt, vorliest oder etwas anderes macht, was gut tut. Oder wenn der Geschäftsfreund nach der Pensionierung den anderen weiterhin schätzt und besucht – obwohl kein Geschäft mehr zu machen ist. Oder wenn der Parteifreund auch noch zu einem hält, wenn man selbst die Partei verlassen hat. Das gibt es wirklich: Freunde lassen einen alleinstehenden Freund nicht im Stich, als der einen Schlaganfall hat und seinen Beruf nicht mehr ausüben kann, kümmern sie sich reihum, über Jahre. Einer ist in Not, Freunde meiden ihn nicht, sondern helfen ihm, nicht nur mit guten Worten.

Auch im normalen Alltag gilt: Man hat Interesse aneinander, verbringt Zeit miteinander. Immer wieder sich sehen und miteinander reden, gemeinsam etwas unternehmen, sich verabreden, auch einfach so – das gehört dazu. Mit Freunden kann man alles machen, aber man braucht nicht immer alles zu machen. Mit dem einen Freund kann man wunderbar blödeln, weil er so voller Leichtigkeit und spontan zurückblödelt, mit dem anderen dagegen tut es gut, in allem Ernst die Tiefen des Lebensschmerzes auszuloten. Mit der einen Freundin kann man sehr gut gemeinsam Klamotten einkaufen. Sie hat einen guten Geschmack. Man kann mit ihr ins Café gehen und über Gott und die Welt reden, Beziehungskisten aus- und wieder einpacken. In einem Museum würde sie sich langweilen. Da gibt es eine andere Freundin, mit der sich seelenverwandt Museen besuchen lassen. Und sie lässt sich auch fürs Wandern begeistern. Die dritte Freundin liebt ihre Fitness und ist die wunderbare Begleitung beim Joggen. Die vierte ist ebenfalls ist der Kirchengemeinde aktiv. So gibt es für die verschiedenen Bereiche unterschiedliche Freundinnen, die sich dann mindestens einmal im Jahr, beim Geburtstag, alle miteinander sehen – und wenn es gut geht, auch miteinander gut auskommen.

Echte Freundschaft geht über Freizeitgestaltung hinaus, sie hat immer auch etwas Intimes. Sie braucht ein gemeinsames Fundament, gegenseitiges Vertrauen, und das muss wachsen. Zeit ist wesentlich: Freundschaft braucht Zeit. Sie wächst. Sie braucht auch Geduld. Aber sie trotzt, wenn sie einmal gewachsen und im Herzen verwurzelt ist, den vielen Stürmen des Lebens. Sie ist da, wenn eine Liebe zerbricht. Geteilte Not ist halbes Leid. Wenn die Freunde in schwierigen Situationen zur Stelle sind und Mitgefühl zeigen, ist das Leben leichter erträglich. Aber genauso wichtig sind Freunde, die uns das Glück nicht neiden, die sich mit uns freuen können.

Und im Alltag: Wir alle brauchen Resonanz und Wahrheit. Die Leute neigen dazu, zu hören, was sie hören wollen. Ein Freund, eine Freundin hört das, was du eigentlich sagen wolltest. Und ich selber kann offen und frei sein und darf sagen, was ich fühle – und nachher meine Probleme vielleicht in einem neuen Licht sehen. Freundschaft ist auch mehr als Sympathie, aber Sympathie ist eine Voraussetzung dafür, dass Freundschaft wachsen kann. Gleichzeitig braucht es „Augenhöhe“, das heißt: Es geht nicht um Verehrung oder Unterordnung, sondern um einen Austausch unter Gleichen, um Respekt, der geprägt ist von der Haltung des Wohlwollens. Ich will für den anderen Gutes. Neid, Konkurrenzdenken, Narzissmus oder ständiges Vergleichen sind da Gift.

Sympathie, ja auch ein Quantum Liebe gehört zur Freundschaft. Aber Freundschaft ist etwas anderes als Liebe: nicht prickelndes Begehren, nicht überschäumende Emotionalität, nicht exklusive Bezogenheit und körperliche Nähe. Kann sich Liebe in Freundschaft verwandeln? „Lass uns in Zukunft gute Freunde“ sein, das sind oft endgültige, leicht verzuckerte Begräbnisworte einer Liebesbeziehung. Aber manchmal gelingt es. Das kann dann auch schön sein – und dauerhaft.

Freundschaft stärkt uns. Wenn mein Freund mir sagt, dass ich die Prüfung schaffen werde, dass ich doch schon so viel gelernt habe, dann hilft das. Oder diese Erfahrung: Eine Frau sagt, sie sei so erstaunt gewesen, als ihr ihre Freundin gesagt hat: „Du bist doch ein heiterer Mensch.“ Das hätte sie selber vorher nie von sich gesagt. Und nun entdeckt sie selber ihre innere Heiterkeit, kann sie erst nach diesem – unabsichtlichen – Zuspruch so richtig erleben. Zuhören und reden, das heißt auch, die Kunst des Wertschätzens zu beherrschen, die mehr ist als bloßer Trost: Da gibt es eine Freundin, die einem, der nicht an

Selbstüberschätzung leidet auf einmal – ohne besonderen Anlass – sagt: „Du bist etwas Besonderes." Ihr kann er es glauben, weil er ihr vertraut. Ohne dass ihn das eitel macht, macht es ihn größer, weiter, ja es stimmt ihn fröhlich.

In dieser Atmosphäre des Vertrauens ist auch Kritik möglich, die ich annehmen kann, weil ich weiß, dass sie nicht destruktiv und boshaft gemeint ist. Sich mitteilen, das hat etwas zu tun mit dem Wort „teilen": Freude, Kummer, Sorgen, auch Leidenschaften. Nichts schöner als das: sich mit jemandem auszutauschen, der sich ganz auf mich einlässt und auf den ich mich ganz einlasse. Ich zeige mich, wie ich bin, und sehe den anderen, wie er oder sie ist.

Bei einem Freund muss ich keine Rolle spielen, ich darf sein, wie ich bin – und ich bin akzeptiert und respektiert, wie ich bin. Freunde hören nicht nur, was sie hören wollen, sondern was ich sagen will. Jeder braucht das. Ehrlichkeit, Wahrhaftigkeit – Worte, die sich groß und moralisch anhören, aber doch etwas aussagen, was man auch genießen kann. Sein dürfen, wie man ist, sich nicht verstellen müssen – und sich und sein Gegenüber doch als „anderen" respektieren. „Aus dem Umgang mit Freunden muss alle Verstellung verbannt sein." So der berühmte Knigge, der jedoch gleich anfügt, dies bedeute nicht, alles voneinander zu wissen und alles mitzuteilen.

Freunde seien Gottes Entschuldigung für die Familie, hat einmal jemand gesagt. Freunde sind frei gewählt, nicht naturgegeben. Aber gemeinsam mit der Familie haben sie im besten Fall doch etwas: Sie ermöglichen Intimität, Vertrautheit, Heimat. Freundschaften sind feste Knoten im weitmaschiger gewordenen sozialen Netz, lebenslang. Machbar ist Freundschaft nicht. Und doch – man muss auch etwas für Freundschaft tun: nicht im Sinne von Aktivismus, aber im Sinne der Pflege, der Kultivierung. Daran will der Internationale Tag der Freundschaft wohl erinnern.

Wie viele Freunde braucht man wirklich? Sicher nicht 626. Man kann natürlich nicht mit jedem Menschen Freund sein. Aber freundlich kann man zu allen sein. Und überhaupt die Welt jeden Tag mit einem freundlichen Blick anschauen. Das macht die Welt schöner – und tut mir und anderen gut.

Tanja Hollander hat übrigens all ihre Besuche fotografisch festgehalten und im Internet dokumentiert. Sie hat viel über Beziehungen gelernt, aber auch darüber, was Freundschaft von einer Internetbekanntschaft unterscheidet. Und sie hat auch ein Buch über ihre Erfahrungen geplant, ein richtiges Buch, aus Papier, zum Anfassen und Reinblättern.

Freundschaft ist eben nichts Virtuelles. Und auch nichts nur für einen Tag im Juli.

Perlen der Lebenskunst

Freundschaften sind wie alte Dächer;
man muss sie ständig reparieren, damit sie halten.

(Samuel Johnson)

Wenn du jemanden zum Freund machen willst:
Lass ihn dir einen Gefallen tun.

(Benjamin Franklin)

Freunde sind jene seltenen Menschen, die einen fragen,
wie es einem geht, und die dann auch noch
die Antwort abwarten.

(Anonym)

„Die wahren Freunde erkennt man im Glück,
denn nur sie sind nicht eifersüchtig,
wenn ihr euch freut."

(Elie Wiesel)

Unsere äußeren Schicksale interessieren die Menschen,
die inneren nur den Freund.

(Heinrich von Kleist)

Was schön ist: Wenn einem das Herz aufgeht

Schön ist eigentlich alles, was man mit Liebe betrachtet.
Je mehr jemand die Welt liebt,
desto schöner wird er sie finden.

(Christian Morgenstern)

Was ist eigentlich schön? Ein strahlendes oder ein besonders ebenmäßiges Gesicht? Der Blick in die weite Landschaft? Mozarts Musik? Der Kreuzgang einer romanischen Kirche? Ein Wildbach in unberührter Natur? Eine liebenswürdige Geste?

Wann kann man denn sagen, jemand habe ein „schönes Leben“ gehabt? Und: Was ist eigentlich das Besondere, wenn ich sage: „Das ist *schön*. Das *gefällt* mir“?

Schönheit genießt man, wenn einem das Herz aufgeht. Man genießt nur mit dem Herzen gut, könnte man sagen: Das Herz als Schaltzentrum ist etwas Leibliches und meint gleichzeitig etwas Seelisches, sozusagen die Schnittstelle und „Summe“ aller Erfahrungen. Schönheit zu begegnen ist Glückserfahrung – oder zumindest ein Glücksversprechen. Man fühlt sich beschenkt und bereichert – von einer Erfahrung, einer Form, einer Wahrheit, einer Wahrnehmung, einer Begegnung. Das Entscheidende ist in der Tat die Begegnung, die etwas in mir auslöst: Man spricht nicht umsonst auch von einer „schönen“ Begegnung.

Schön ist nicht das Glatte, der Kitsch, das, was sich selbstverliebt präsentiert und selbstgewiss in seiner eigenen Form verschließt, sondern etwas Lebendiges, etwas, was unsere Welt größer macht, etwas eröffnet und das Herz weitet. Ein Fluidum, eine Hin- und Herbewegung, Lebendigkeit. Etwas, was einen bewegt und festhält zugleich. Disharmonie, die auf harmonische Auflösung drängt, Spannung und Kontrast gehören durchaus auch dazu.

Selbst wenn wir von einem Menschen am Ende sagen, er habe „ein schönes Leben“ gehabt, dann heißt das ja nicht, dass da jemand permanent Glück hatte, bloß auf der faulen Haut lag oder es sich immer nur im Komfort bequem gemacht hat. Im Gegenteil: Ein solches Leben muss nicht völlig frei von Schmerz oder ganz ohne Enttäuschungen gewesen sein – aber insgesamt, in der Bilanz, doch „stimmig“, kohärent, erfüllt. Und vielleicht sogar mehr als das: ein Leben in Fülle, voll Sinn.

Vielleicht wird der Begriff „schön“ hier etwas unscharf. Aber auch das Brüchige gehört zur Schönheit – und fordert heraus. In seinem Roman *Alte Meister* lässt Thomas Bernhard seine Hauptfigur, den alten Reger, inmitten der großartigen Kunstwerke des Wiener Kunsthistorischen Museums mit Inbrunst sagen, dass nichts vollkommen sei, nicht einmal die größten unter den anerkannten Künstlern. „El Greco, schön, aber der gute Mann hat keine Hand malen können!“ Und, so erklärt er, auch mit Verweis auf seinen Helden Veronese oder den großen Bach, dass gerade im Scheitern, im Unvollkommenen, im Fehler, im Nichtvollendeten das Glück des Betrachters liegen kann. Das Paradoxe ist dabei, dass gerade in dieser wunderbar wortreich und sprachgewaltig vorgetragenen Philippika ein Genuss des Lesers liegt.

Man kann sich bewusst im Alltag mit ausgesucht schönen Dingen umgeben. Aber es kann auch ganz unvermutet kommen: Ein Bild im Museum kann mich unerwartet so ansprechen, ja „packen“, dass ich stehen bleiben muss – und einfach nur „schaue“: zweifellos deswegen, weil es schön ist, auch wenn ich noch nicht weiß, warum. Aber auch ein unerwarteter Sonnentag im Frühling ist schön. Oder ich höre eine Melodie, die mich mitnimmt und verursacht, dass ich plötzlich „ganz Ohr“ bin. Das kann alte, aber auch eine neue Musik sein. Und die Folge des bewussten Hinhörens auf eine aufregend ungewohnte Verbindung von Tönen, Geräuschen: Happy new ears. Oder eine Notenseite eines Schumann-Klavierstücks, in dem plötzlich das ganze Leben in seinen Spannungen, Dissonanzen und Auflösungen zum Klingen gebracht wird. Schön ist, wenn ich das heraushören kann. Der Genuss kann sich steigern mit dem Bewusstsein, dem Wissen: Wer eine Musik versteht, wer weiß, wie sie aufgebaut ist, hat noch mehr davon. Er hört nicht nur mit den Ohren, sondern auch mit dem Verstand.

Schön ist es auch, wenn in einem großen Kirchenraum Bachs Himmelfahrtsoratorium von wunderbaren Stimmen erklingt, wenn der ganze Raum zum Klangerlebnis einer Schmerz- und Sehnsuchtserfahrung wird: „Ach, bleibe doch, mein liebstes Leben, / Ach fliehe nicht so bald von mir! ..."

Aber schön ist auch das Zwitschern von Schwalben, die wie von einem Entzücken hin- und hergerissen über uns hinwegfliegen. Es war für den Lyriker und Büchnerpreisträger Heinz Piontek jedenfalls das Höchste: Diese Vögel sind ihm Bürgen dafür, „dass wir auf der erkalteten Kruste eines Planeten daheim sind oder nach Hause finden werden" (in: *Das Glück liegt auf der Hand* 301).

Dass wir uns daheim fühlen, uns „wohlbefinden" – das können auch die gelungenen, sehr menschlichen Proportionen eines Raumes bewirken, ob es nun eine moderne Wohnung ist oder eine romanische Kirche oder ein Barockpalast. Ein belebter, architektonisch gelungener Platz ist schön, eine Piazza irgendwo im Süden, die das Gefühl von Geborgenheit im Raum vermittelt und gleichzeitig das Gefühl, unter Menschen zu sein. Und vielleicht auch das gekonnte Geigenspiel, das aus dem geöffneten Fenster kommt, an dem man gerade vorbeigeht, und das einen zum langsameren Gang einlädt, vielleicht sogar zum Stehenbleiben und zum aufmerksamen Zuhören. Oder eine weite Landschaft, die sich plötzlich und unvermutet vor meinen Augen auftut und die meinen Schritt beschleunigt, mich in Bewegung versetzt – eben weil sie mich so bewegt und den ganzen Menschen anspricht, weil sie nicht nur meine Seele in Schwingung bringt, sondern meinen ganzen Körper in Schwung versetzt.

Auch ein Gesicht kann schön sein – und das ist etwas anderes als „hübsch" oder jung oder wohlproportioniert oder gar durch eine „Schönheitsoperation" in gestraffte Fasson gebracht und so nur noch Leere anzeigend. Sogar nur die Augen können schön sein. Und wenn ich selber jemand mit Liebe betrachten kann, ganz „Ja" zu einem Menschen sage, so wie er eben ist, dann ist er oder sie für mich auch schön. Schönheit ist etwas Beseeltes – und gerade in dieser „Qualität" sinnlich wahrnehmbar.

Das Schöne, das Wahre und das Gute – diese drei wurden in der Tradition immer zusammengesehen. Schön und gut gehören auch deswegen zusammen, weil Schönes eben auch guttut. Und Gutes kann schön sein. Auch schön und wahr gehen zusammen: Mein Blick auf die Welt und auf mich wird klarer, wenn ich etwas Schönes wahrnehme. Es fühlt sich „richtig" und „wertig" an. Das meint: Es hat Wert für mich. Es „bedeutet" mir etwas.

„Interesseloses Wohlgefallen", das sei der Bezug zum Schönen, sagen die Philosophen. Also nicht die Gier des Müssens und Habenwollens, nicht das Getriebensein von Absichten und Interessen, nicht das Abgleichen mit der eigenen Meinung oder der Gedanke der Verwendbarkeit. Nicht der Antrieb des Konsumierens, Verbrauchens oder Einverleibens also. „Die Schönheit rettet die Welt" – vielleicht liegt der Sinn von Dostojewskijs Satz gerade darin, dass es im Leben um „mehr“ geht als um das bloß Berechenbare, Nützliche. Es ist ein Versprechen von Fülle – aber mehr, als man „haben“ oder „besitzen“ kann. Vielleicht berührt uns deswegen auch Kunst.

Ein Bild, ein Kunstwerk ist – für mich – schön, wenn es – mich – anspricht. Ein Bild, ein Theaterstück, ein Film, ein Musikstück, ein Lied, ein Gedicht kann meine Weltsicht bestärken oder erweitern, es kann Gefühle in mir anrühren, mir etwas einleuchtend erscheinen lassen oder einfach nur deswegen Freude machen, weil es gekonnt, formvollendet ausgedrückt ist, weil es kontrastreich oder harmonisch ist oder jedenfalls außerhalb des Gewöhnlichen, Banalen liegt. Es gefällt mir eben, ohne dass ich lange darüber nachdenken muss. Aber Nachdenken und Einfühlen können den Genuss natürlich noch steigern, wenn ich neue Aspekte sehe, noch andere Dimensionen wahrnehme. Gelungene Kunst ruft Freude am Unerwarteten, Überraschenden, Lehrreichen, Einsichtigen hervor. Etwas blitzt auf, was nicht dumm oder stumpfsinnig und alltäglich ist: Lebendigkeit und Kreativität. Ich genieße, dass ich nicht selber alles leisten, erkennen, sagen und artikulieren muss, dass da jemand ist, der es besser, klarer – eben schöner ausdrückt, als ich es sagen könnte – und dass ich trotzdem daran teilhaben kann, quasi zum „Mitspieler“ werde und hineingenommen bin in diese Wirklichkeit.

Und da ist immer noch ein Mehr, etwas Unerschöpfliches – in einem Musikstück, das man immer wieder neu und anders hören kann, das immer wieder neue Überraschungen parat hat; oder in einem Gedicht, das immer neue Aspekte sichtbar macht, weil es so angelegt ist: „Mein unersättliches Poem“, sagt der Büchnerpreisträger

Lutz Seiler über sein eigenes Schreiben. Ein in diesem Sinn reiches Kunstwerk ist dann so etwas wie eine Reisebegleitung auf dem Weg bei meiner Suche nach dem, was Leben ist und sein könnte. Und diese Begleitung macht auch mein Leben reicher.

Nicht nur Menschen begegnen uns, nicht nur Kunst begegnet uns – auch die Schönheit der unzerstörten, belebten Natur: Schönheit ist da etwas, womit wir bezeichnen, was uns gut tut, weil es uns anspricht und uns so einbezieht, dass wir uns heimisch fühlen, uns aufgehoben fühlen. Da ist auf einmal der Regenbogen da nach einem Gewitter. Oder der Sonnenaufgang am Meer. Eine Wiese voll blühender Blumen. Die Eleganz eines fliegenden Reihers. Ein Berg, möglicherweise mit einem Schneegipfel als Krönung, der uns ein Gefühl von Dauer und Größe vermittelt – eine Anmutung, die uns schön vorkommt. Oder ein See – weit, aber nicht endlos –, ein Himmelsspiegel und doch ein ganz konkreter Lustort. Sehen wird als Freude am Lebendigen erfahren. Ob See, Berg oder Wiese und Wald: Die Natur will nichts von uns, drängt uns keine Moral oder keine Botschaft auf, kennt keinen Imperativ. Sie ist nur – und lässt uns Teil von ihr sein. Wir werden Teil von ihr, wenn wir sie wahrnehmen. Sie spricht uns einfach an, und sie ertappt uns nicht bei einem Fehler – und wir auch sie nicht. Dass wir sie als schön empfinden, zeigt uns, dass es mehr und anderes gibt als Nützliches oder Nutzloses. Und wie gut, wenn man sagen kann: „Welches Glück, das zu erleben, zu sehen, zu hören!"

Perlen der Lebenskunst

Man ist jung, solange man sich für das Schöne
begeistern kann und nicht zulässt,
dass es vom Nützlichen erdrückt wird.

(Jean Paul)

Jeder, der sich die Fähigkeit erhält,
Schönes zu erkennen, wird nie alt werden.

(Franz Kafka)

Im Notleidenden das Liebenswerte,
das verborgene Schöne, „das Wunderschöne",
vielleicht sogar das Heilige zu sehen:
Man kann das durchaus auch im Sinne
Kants verstehen: als „interesseloses Wohlgefallen".

(Ruth Pfau)

Am schönsten ist es immer dann,
wenn man genau im Moment ist –
egal ob in einer Mahler-Symphonie oder
im Leben ... Man spürt:
Hier und jetzt bin ich absolut richtig!

(Joana Mallwitz)

Mehr als „alles“: Verzichten als Lustgewinn

Überflüssige Dinge machen das Leben überflüssig.

(Pier Paolo Pasolini)

„Weniger ist mehr“, heißt es. Und: Es muss in diesem Leben tatsächlich „mehr als alles“ geben – und Schöneres als „alles haben“. Verzicht ist heute, aus guten Gründen, in aller Munde. Alle wissen, dass man auf dem gewohnten Konsumniveau nicht weiterleben kann, wenn man das Ziel einer gerechten und lebenswerten Zukunft für alle im Blick hat.

Für die einen – etwa den Philosophen Otfried Höffe – ist Selbstbeschränkung „hohe Kunst“. Doch für die meisten ist „Verzicht“ negativ, ein „Unwort“, dem der gallige Geschmack der Genussfeindlichkeit anhaftet. Verzicht kostet etwas, verlangt einem etwas ab. Das Wort klingt nach religiös verbrämter Pflicht, nach einem fremden Anspruch, der meine Freiheit einschränkt.

Nur: Der Zusammenhang ist nicht notwendig so. Zwar finden wir in allen Religionen die Wertschätzung von Verzicht, also von Armut, Keuschheit und Demut als Weg zu gesteigertem Menschsein, zu einer Art höherer Freiheit. Wer in diesem Sinn verzichtet (und manchmal ist das nicht einfach, innere Kämpfe können dazugehören) gibt zwar etwas auf, was nicht ohne Wert ist. Aber er tut es um eines höheren Gutes willen. Und wird dafür belohnt: Er tauscht etwas ein, was noch wertvoller ist, inneren Frieden verspricht und darüber hinaus ewige Glückseligkeit verheißt.

Und zudem: Religionen sind nicht unbedingt und prinzipiell genussfeindlich. Im Talmud kann man nachlesen, dass ein Rabbiner die Meinung vertrat, dass derjenige sündige, der ohne Vorschrift fastet, also sich der göttlichen Gaben vorsätzlich enthält. Der große Theologe der Christenheit, Thomas von Aquin, hat Ähnliches gesagt und den

Genuss von Wein und Käse unter die Dinge gezählt, die Gott dem aus dem Paradies vertriebenen Menschen als Geschenk hinterlassen habe.

Und aus der chassidischen Überlieferung kennen wir folgende Geschichte: Ein sehr reicher und frommer Jude wollte bei seinem chassidischen Meister Eindruck erwecken und erzählte ihm von seinem asketischen und strengen Leben. „Was isst du denn in der Regel?“, fragte der Meister. „Fast nichts. Trockenes Brot mit Salz. Und ich trinke nur Wasser, nichts anderes.“ „Nicht gut, gar nicht gut“, antwortete der Rabbi. „Ich befehle dir, Weißbrot und Kuchen zu essen und süßen Wein zu trinken.“ „Warum denn das?“ „Wenn du dich mit trockenem Brot und Wasser zufrieden gibst, wirst du schließlich denken, dass die Armen ganz gut von Kieselsteinen und Quellwasser leben können. Wenn du Kuchen isst, wirst du ihnen wenigstens Brot geben.“

Es ist also nicht alles ganz selbstverständlich und von vorneherein „rein“, „koscher“ oder moralisch in bester Ordnung, was nach „Verzicht“ klingt.

Aber es gibt heute zudem doch ein paar Fakten, die zu denken geben. Nur ein Beispiel: Wir leben nicht nur in einer Überfluss-, sondern faktisch auch in einer Wegwerfgesellschaft. Ein Drittel aller Lebensmittel landet weltweit im Müll, in Deutschland soll es sogar noch mehr sein. Die Welt des Konsums und des Marktes ist aus den Fugen. Und wir sind es oft ebenfalls.

Verzichten in dieser Situation kann bedeuten: sich diese Maßlosigkeit bewusst zu machen und sich bewusst so zu orientieren, dass das eigene Leben nicht überschwemmt wird von etwas, was wir gar nicht brauchen und auch nicht mehr selber steuern. Heute tut uns eine innere

Grenze gut. „Maß“ nennt es die Tradition. Am klarsten erleben wir das beim Fasten.

Anselm Grün erläutert den heutigen Sinn des Fastens und der Askese auch auf dem Hintergrund der Geschichte so: Askese und Verzicht sind sowohl im Judentum als auch im Christentum durchaus nicht Ausdruck von Härte gegen sich selbst oder von Genussverachtung und Lebensverneinung. Nein, sie gehören zu einem positiven Verhältnis zu sich selber – und zur Umwelt. Sie sind Training in die innere Freiheit, ein Weg, um größere Fülle, tiefere Intensität zu erfahren. Askese wird da verstanden als eine innere Haltung, die sich auf das ganze Leben auswirkt und durchaus zum überraschenden Genuss werden kann. Befragt nach dem Sinn des Fastens und danach, worin denn der Lustgewinn dabei liege, sich selber Grenzen zu setzen, sagt Grün: „Konsum ist ja oft Ersatz für gelebtes Leben: für Freundschaft, für Liebe, für Anerkennung. Wir kaufen Produkte, um selber nachgefragt oder ‚in‘ zu sein. Konsumverzicht heißt dann: solche Verkettung durchbrechen. Oder sie uns als Abhängigkeit zumindest bewusst machen. Und so wieder freier zu werden und sein Leben von innen her zu ordnen“ (vgl. *einfach leben* 3, 2015). Und das gibt neue Lebenslust.

Verzicht kann dann auch heißen: nicht immer mehr und anderes verlangen und suchen, sondern sich bewusst beschränken auf das, was da ist – und sich daran freuen. Wer beim Essen und Trinken bewusst auf Alkohol oder Fleisch verzichten kann, wird das Entschlacken als „Genuss ohne Reue“ erleben. Er lebt, sozusagen, mit leichterem Gepäck.

Auch an konkreten Alltagserfahrungen lässt sich überprüfen, was es mit dem „Mehrwert des Weniger“ auf sich hat: Wer den Schreibtisch entrümpelt, sich von dem vielen aufgehobenen Papier und all den nie mehr gelesenen Notizen trennt, die man einmal für so wichtig hielt, der schafft damit Raum im Kopf für das Denken von Neuem, schafft Platz für unbelastete Gedanken und entsorgt Kreativätsblockaden. Wer alten Kram aus dem Keller auf den Recyclinghof bringt, der hilft, dass Gutes anderswo und für andere neu geschaffen wird – und kann sich über den neuen Freiraum in der eigenen Umgebung freuen.

Auch Bilder von sich selber kann man loslassen. Wenn in der Tram ein junges Mädchen aufsteht und dir ihren Platz anbietet – verzichte darauf, dich über deine grauen Haare zu ärgern! Bedanke dich, genieße das Entgegenkommen – und den bequemen Sitz mit Aussicht. Und wenn der Zug wieder einmal Verspätung hat – der nächste kommt bestimmt. Amüsiere dich lieber über alle, die sich unnötig aufregen.

Und für alle von Informationswut und Unterhaltungslust Getriebenen: Man muss auch nicht alles wissen wollen, nicht alles verschlingen und aufsaugen wollen, was uns von allen Seiten angeboten wird. Thomas Merton hat einmal gesagt, unser Geist sei wie die Krähen: Er pickt alles auf, was glitzert und glänzt, ohne zu beachten, wie unbequem unser Nest sein wird mit all dem angesammelten blinkenden, aber harten Metall darin. Verzicht kann auch in dieser Hinsicht das Leben schöner machen. Das kann man „Medienfasten" nennen und muss es gar nicht spirituell oder religiös deuten. Warum sollte man es nicht einfach genießen, wenn man, etwas pragmatisch formuliert, ein vorteilhaftes Tauschgeschäft gemacht hat: permanente Reizüberflutung von außen gegen innere Ruhe und neue Souveränität. Und ein gutes Gewissen obendrein, sowie das erhebende Gefühl, dass man aus freiem Willen wieder mehr „Herr im eigenen Haus" ist – neuen Platz für sein Leben hat?

Genuss und/oder Verzicht? Auf die konkreten Umstände – und auf die Balance kommt es an! Kürzlich waren wir in einer Buchhandlung und haben uns lange mit der Buchhändlerin unterhalten. Über 70.000 deutschsprachige Neuerscheinungen hatte es in diesem Jahr allein in Deutschland gegeben. Sicher nicht alles notwendige Bücher. Trotzdem eine wunderbare Fülle und ein großer Reichtum. Wir unterhielten uns mit ihr darüber, ob und wie man Bücher aussortieren kann, ob man sie gar „entsorgen" darf. Aber am Ende gingen wir dann doch mit drei spannenden Titeln aus dem Laden. Darunter Hanns-Josef Ortheils *Berlinreise,* keineswegs eine aktuelle Novität. Darin erzählt der junge Ortheil von einem Besuch mit seinem Vater im Nachkriegsberlin. Sie leisten sich die teuren Karten für ein Konzert in der damals neuen Philharmonie, mit Herbert von Karajan und Elisabeth Schwarzkopf. Beide sind von der Erfahrung der Schönheit der Musik so hingerissen und überwältigt, dass sie nach der Pause gehen – erfüllt, glücklich. Mehr können und wollen sie nicht hören. Mehr muss nicht sein. Eine wunderbare kleine Geschichte über Genuss und Verzicht, über Genussfasten und über das rechte Maß.

Ich bin froh, dass wir nicht auf dieses Buch verzichtet haben.

Perlen der Lebenskunst

Ich bin reich an Gütern, auf die ich verzichten kann.

(Louis Vigée)

Der Verzicht nimmt nicht. Der Verzicht gibt.

(Martin Heidegger)

Eher das Vergnügen kürzen, als es nicht voll genießen.

(Theodor Fontane)

Ich muss nicht jedes Glas Wein austrinken,
das vor mir steht.

(Iris Berben)

Mäßigkeit setzt Genuss voraus, Enthaltsamkeit nicht.
Es gibt daher mehr enthaltsame Menschen als solche,
die mäßig sind.

(Georg Christoph Lichtenberg)

Wenn Fasten, dann Fasten. Wenn Rebhuhn, dann Rebhuhn.

(Teresa von Avila)

Man muss auch mal auf einen Verzicht verzichten können.

(Spruch aus dem Rheinland)

Ohren auf – die Musik der Stille hören

Stille ist nicht nur die Abwesenheit von Lärm,
sondern ein Schweigen, das dem Menschen
Augen und Ohren öffnet für eine andere Welt.

(Serge Poliakoff)

Stille – nur ein Sehnsuchtswort für Ältere? Im *ZEIT-Magazin* (8/2023) berichtete der Journalist Tillmann Prüfer von seiner 23-jährigen Tochter, die den Vater mit dem Wunsch überrascht, sie suche ein Schweigekloster. Sie wolle eine Woche nur schweigen. Der Grund: Sie habe die ständige Unruhe, die ständige Erreichbarkeit, das permanente Planen, die andauernde Fremdbestimmung satt: „Ich würde so gerne mal runterkommen, aber ich bin so ruhelos." Mit dieser Sehnsucht ist sie nicht allein.

Wer Stille sucht, will sich nicht nur vom äußeren Krach verabschieden. Lärm ist zwar allgegenwärtig. Nahezu alle Deutschen (80 Prozent) sind nach eigener Auskunft in irgendeiner Weise von Lärm betroffen. Über die Hälfte der Bevölkerung wird durch mehrere Lärmquellen zugleich belästigt. Straßenlärm belästigt, Schienenverkehrslärm beeinträchtigt, Fluglärm zerrt an den Nerven. Wummernde Techno-Bässe lassen die Menschen in der Umgebung nicht schlafen.

Es geht aber auch um inneren Lärm, um die Überfüllung mit Reizen, die uns zudröhnen, um Ansprüche, die wir an uns selber stellen, und um eine innere Unruhe und Rastlosigkeit – die oft genug auch selbstgemacht ist. Ich fühle mich als Spielball der Welt um mich herum, ich bin „nicht bei mir".

Lärm und Unruhe machen etwas mit unserer Seele, verstören sie. Stille ist heilsam, entstört, beruhigt. Sie bringt uns wieder ins Gleichgewicht. Stille ist das Gegenteil von Lärm und Hetze und krachender Kakofonie. Ein Genuss ist sie gerade als Kontrasterfahrung. Wer kennt nicht das Gefühl: Endlich hört der stundenlange Krach an der Baustelle auf. Endlich, nach pausenlosem Fahren, permanentem Tempo, nach hektischen Stunden auf der Autobahn ist man daheim, das Auto abgestellt: Endlich Ruhe, endlich Stillstand. Die Spannung lässt nach. Man ist angekommen. Stille ist Balsam, Ohrenschmaus.

Dass Stille nicht Langeweile oder Leere bedeutet, kann man immer wieder erleben. Vor dem Konzert zum Beispiel. Das Stimmen der Instrumente ist beendet. Der Dirigent taucht auf, geht zum Podium. Das lärmige Murmeln im Publikum verstummt. Der Dirigent hebt die Arme: konzentrierte Stille, die Spannung vor dem ersten Ton, bloße, freudige Aufmerksamkeit. Ein Genuss! Oder am Ende des Konzerts: Der letzte Ton verklingt und erfüllt doch noch alles, der Dirigent lässt den Stock sinken, bleibt aber konzentriert, das Gefühl von Vollendetsein stellt sich ein; in diesem Augenblick ist das Ganze des Werks selbst noch einmal wie in einem Kulminationspunkt versammelt, konzentriert. Es ist still. Erst nach einer – fast andächtigen – Pause, im Nachschwingen, erhebt sich Beifall als Zustimmung, als Bekräftigung und Bejahung des Erlebten, Gelungenen, Vollendeten. Auch das ist ein besonderer Augenblick.

Stille heißt ja nicht Leere. Sie ist die Voraussetzung dafür, offen zu werden, um voll zu werden von etwas anderem als dem, was da ist. Dafür braucht man Ruhe, Zeit. Stille ermöglicht erst neue Fülle. Denn genau dort, wo kein Lärm herrscht, ist der Ort, wo wir hellhöriger, feinspüriger werden, um Dinge wahrzunehmen, die sonst übertönt werden. Das Wesentliche macht keinen Lärm. Es stellt sich ein in der Stille, nicht im Lauten. „Alles, was lange währt, ist leise“, sagt Joachim Ringelnatz.

Unsere Verlegenheit, zu schweigen, hat wohl damit zu tun, dass wir der Sprache der Gefühle nicht mehr viel zutrauen und das Sprechen ohne Worte zu wenig üben. Schweigen ist aber manchmal die beste Lösung. Man atmet aus, beruhigt sich, gewinnt Abstand und Zeit. Natürlich ist Schweigen nicht nur Gold, es gibt auch das kalte Schweigen. Und auch Reden ist ja kostbar. Freilich: Reden kann man mit jedem, aber Schweigen kann man nicht mit jedem, denn es öffnet einen intimen Raum, in dem man Gefühle teilt. Deswegen ist es Zeichen tiefer Verbundenheit, wenn Menschen miteinander schweigen können.

Und es reicht über die Verbundenheit unter Menschen hinaus: Der Übersetzer und geistliche Autor Bernardin Schellenberger hat jahrzehntelang in einem Trappistenkloster gelebt. Seine wertvollste Erfahrung des Schweigens schildert er so: „Wenn man in der Stille ist, geht einem eine Präsenz auf, eine Gegenwart. …Stille schafft Gegenwärtigkeit, und auch eine Ge-wärtigkeit. Wenn man sich etwa des Knisterns des Feuers oder des Summens eines Teekessels gewärtig wird, schafft das eine intensive Wahrnehmung. Statt ständig mit dem Kopf in der Vergangenheit oder Zukunft herumzuschweifen, wird man für Augenblicke ins reine Gegenwärtig-sein versetzt, sanft aber sehr wirksam. Und das ist Stille.“ (in *einfach leben* 9, 2015)

Solche intensive Erfahrung von Präsenz ist etwas, was an die gesammelte Stille nach einem gelungenen Konzert erinnert. Genießen ist nicht das Wort, das einem bei dieser Erfahrung zuerst einfällt, aber dass es etwas Kostbares und Schönes ist, etwas, was einem gut tun kann, leuchtet ein.

Wie kann man Stille ins Leben, in seinen oft genug nervösen und unruhigen Alltag einlassen?

Man kann es so machen wie die Meditationslehrerin

Sylvia Wetzel, die Lärm als sportliche Herausforderung nimmt und in ihrer Phantasie Motorräder und Flugzeuge mit Schalldämpfern ausstattet. Das beruhigt manchmal für eine Weile. Bernardin Schellenberger macht darauf aufmerksam, dass Stille und Atem zusammengehören. Wer ruhig ist, atmet langsamer und regelmäßiger und tiefer. Aufgeregte atmen kurz und schnell. Umgekehrt macht der gleichmäßige Atem still. Stille atmen heißt: Diese Qualität der Stille geht in Fleisch und Blut über.

Einen ganz praktischen Tipp gibt der heilige Franz von Sales; er meint: „Nimm dir jeden Tag eine Stunde Zeit zur Stille, außer wenn du viel zu tun hast." Sein Rat geht noch weiter: „Nimm dir jeden Tag eine Stunde Zeit zur Stille, außer wenn du viel zu tun hast, dann nimm dir zwei." Nicht jeder wird die Zeit dazu haben. Wir könnten das auf unsere Möglichkeiten herunterbrechen und bescheidener anfangen: „Nimm dir jeden Tag fünf Minuten Zeit zur Stille, außer wenn du viel zu tun hast, dann nimm dir zehn." Jeden Tag auch nur fünf Minuten bewusst bei sich selbst daheim sein: das steigert nicht nur unsere, sondern auch die Lebensqualität unserer Umgebung. Nicht jeder kann in die Wüste gehen. Aber jeder und jede kann Orte, Zeiten und Wege finden, um ganz bei sich zu sein, kann Erfahrungen der Stille bei sich wieder aufrufen und vergegenwärtigen.

Es muss kein Schweigekloster sein. Jeder kann täglich die Morgenstille genießen und spüren, wie der Tag allmählich ins Laufen, in Bewegung kommt – und Kraft sammeln für all das, was auf einen zukommen wird. Auch die Stille der Nacht können wir bewusst wahrnehmen – und loslassen, was untertags abgelenkt, belastet und bedrängt hat. Und warum nicht zwischendurch Räume der

Stille bewusst aufsuchen: eine leere Kirche etwa, in der gerade kein Gottesdienst gefeiert wird, die aber trotzdem Ruhe ausstrahlt und von der Gegenwart der Stille geradezu getränkt ist? Oder man kann einsame Wege gehen, eine Wanderung im Wald machen, in den kein Motorenlärm dringt, wie er draußen unvermeidlich ist – und auf etwas hören, was auch das Knirschen des Bodens, das Summen von Insekten, den Wind, das Singen der Vögel miteinschließt: die Musik der Stille.

Tilman Prüfer berichtet übrigens (*ZEIT-Magazin* vom 26.10.2023), dass seine Tochter die Zeit im Schweigekloster beglückt erlebt habe, wie unter einem inneren Sternenhimmel liegend: „Die innere Welt war kein Sumpf, sondern eine grüne Wiese.“

Perlen der Lebenskunst

Die Stille ist nicht auf den Gipfeln der Berge,
und der Lärm ist nicht auf den Marktplätzen der Städte.
Stille und Lärm sind in den Herzen der Menschen.

(Östliche Weisheit)

Es gibt keine freie Gesellschaft ohne Stille,
ohne inneren und äußeren Bereich der Einsamkeit,
in dem sich die individuelle Freiheit entfalten kann.

(Herbert Marcuse)

In der gemeinsamen Stille entsteht eine Kraft,
von der man sich genährt und gestärkt fühlt.
Die Stille ist wie ein Band, das alle zusammenhält.

(Anselm Grün)

Gott ist der leiseste von allen.

(Rainer Maria Rilke)

Vorfreude, Erwarten, Erinnern

So geht es in der Welt.
Wenn man nur still und geduldig wartet,
wie die Katze vor dem Mausloch,
so kommen alle guten Dinge
wieder einmal zum Vorschein.

(Gottfried Keller)

Vorfreude kann unser Lebensgefühl heben – von der Kindheit bis ins Alter. Sie kann leise sein, erwartungsvoll, anhaltend, anschwellend. Sie kann uns bewegen, ja ins Lebhafteste umschlagen: Ein Bild dafür sind die voller Erwartung hüpfenden Kinder, die – sobald sie ihn sehen – auf dem Bahnhof dem lange erwarteten Opa entgegenrennen. Oder da wünscht sich eine aus einem stressigen Berufsalltag einfach nur weg, sehnt ihren Ruhestand herbei, wenn sie mit dem Campingbus unterwegs sein wird. Wahrscheinlich erst einmal nach Schweden. Sie freut sich jetzt schon auf die Natur dort, die Wälder, das Meer, auf die Stille. Vielleicht wird es auch Nepal werden, wer weiß? Zwei Jahre sind es noch, und ihrer Vorfreude steht jetzt bereits die ganze Welt offen. Schon in der Vorwegnahme ist die Gegenwart nicht mehr so eng. Noch konkreter kann es für einen anderen sein: Da kauft einer einen Reiseführer für eine Tour, die in drei Monaten stattfinden wird – und genießt in der Vorwegnahme bereits, wie sich der Süden anfühlen wird. Auch wenn es bei uns noch Regen, Kälte und Nebel hat – ich bin in der Phantasie schon unter spanischer Sonne. Oder: Ein Geschenk einwickeln für eine Freundin, die bald Geburtstag hat, und sich dabei ihr Gesicht vorstellen, wenn sie es auspacken wird. Oder Karten für einen gemeinsamen Konzertbesuch besorgen. Jetzt die Erwartung, dann die Erfüllung im Konzerthaus. Und auch da: Das Stimmen der Instrumente im Orchestergraben, verheißungsvolle Klangwolke unmittelbar vor dem Konzertbeginn, das ist schon Teil des Musikgenusses, der sich gleich entfalten wird. Ein Musikfreund erzählt sogar, wie sehr er auch Wiederholungen bei einem Stück, das er schon kennt, genießt: die Antizipation des nächsten Tones, der nächsten Wendung …

Oder auch die Erwartung eines spannenden Fußballspiels – auch wenn der Sieg des eigenen Vereins noch keineswegs feststeht. Alles ist möglich. Und alles kann gut werden. Vorfreude ist bereits Freude, und einen Genuss zu erhoffen bringt ihn nicht nur näher, es ist selber schon Genuss.

Freuden, die mit Warten verbunden sind, sind nicht selbstverständlich in Zeiten des Internets, wo Antworten unmittelbar erwartet, wo Wünsche sofort oder, bitte schön, zumindest „zeitnah" erfüllt werden müssen. Aber nachvollziehbar sind solche Vorfreuden immer noch. Der Grund liegt auf der Hand. Wer freut sich schon noch auf Briefe – im Zeitalter von Handy, Whatsapp und Instagram? Trotzdem: Eine Leipzig-Besucherin berichtet, dass es dort diesen alten, gelben Briefkasten vor der Uni-Bibliothek gibt, auf dessen Lack jemand mit wasserfestem Stift geschrieben hat: „Nur Liebesbriefe". Sie sagt, dass sie das auch am liebsten auf ihr Postfach zu Hause schreiben würde: „Nur Liebesbriefe!". Keine Werbung. Keine Rechnungen!

Das ist eine eher poetische Vorstellung – aber doch einfach schon belebend: auf Zeichen von neuer Lebenslust hoffen, Freundlichkeit und Liebe erwarten, darauf vertrauen, dass sich jemand Zeit genommen hat für mich; antizipieren, dass sich in einer erwarteten Nachricht etwas Neues, Schönes, vielleicht sogar Überraschendes auftun wird. Der tristen Gegenwart, dem grauen Alltag voraus sein in der Vorwegnahme einer Freude – was kann es Schöneres geben? Warten weitet das Herz. Etwas erwarten können ist ein Gegenmittel gegen den Sofortismus, der freudige Erwartung gar nicht mehr aufkommen lässt, der jede Sehnsucht gleich zudeckelt. Das Warten kann der Gegenwart eine besondere, intensive Qualität, eine prickelnde Spannung, eine neue Farbe geben.

Natürlich gibt es auch das, und die Neigung dazu ist groß: Man stellt sich vor, wie schlimm alles werden könnte, die eigene Zukunft und die der ganzen Welt. Warten ist nichts Eindeutiges. Da gibt es immer noch diese Lücke, das Ungewisse. Was wir erwarten, ist immer ganz unterschiedlich eingefärbt, hell oder dunkel, düster oder bunt. Angst oder Zuversicht, beides gehört zu unserer Gefühlsausstattung, beides richtet sich auf die Zukunft und bestimmt doch unser Leben in der Gegenwart, auf sehr gegensätzliche Weise: Genuss hat jedenfalls mit positiven Emotionen zu tun, mit Lebensfreude, mit Daseinslust, die uns auch jetzt bestimmen, auch wenn wir sie in der Vorstellung und der Phantasie, in unseren Wünschen und Imaginationen vorwegnehmen. Etwas Positives intensiv zu erwarten, das öffnet den Blick in eine gute Zukunft und verstärkt das Erfreuliche bereits in diesem Moment.

Erwartung: Advent und Weihnachten sind vielleicht die klassische Konstellation. Weihnachten gilt als Fest der Geschenke, der Verbundenheit, der positiven Emotionen. Und der Advent ist die Zeit des Wartens, der Erwartung und der Vorbereitung. Jetzt nimmt die Vorfreude in Planung und Vorbereitung schon Gestalt an. Es ist die Zeit, wo man sich nicht nur auf Geschenke freut, die man erhalten könnte, sondern auch Geschenke für andere aussucht: Da ist Vorfreude. Verena Kast hat den tiefen Grund für unsere Weihnachtsfreude mit dem Symbol des göttlichen Kindes erklärt. Das sagt uns, so ihre tiefenpsychologische Auslegung: Es muss nicht so bleiben, wie es ist, es gibt immer wieder etwas Neues, immer wieder wird ein neuer Anfang möglich. Es geht da also um eine Bejahung des Lebens, um eine Haltung, die aller Angst und Resignation zuwiderläuft. Wie schön, wenn Kinder das schon so intensiv erfahren dürfen – und womöglich ein Leben lang davon zehren.

Überhaupt diese Vorstellung: Das Leben ein Fest. Als noch nicht alle Tage gleich waren, konnte man sich auf den Sonntag freuen. Der Journalist Tobias Haberl erinnert sich an seine katholische Kindheit: „Jeden Sonntagmorgen strömten die Menschen in die Stadtpfarrkirche, eine von Glockenläuten untermalte Choreographie der Frömmigkeit, und klar waren da auch Heuchler darunter und zur Verklärung neige ich auch, aber ich meine, es lag eine Vorfreude, ein Gemeinschaftsgefühl, ein ahnungsvolles Flirren in der Luft" (*SZ-Magazin*, 31.3.2023).

Lange her. Aber die Sehnsucht gibt es noch. Es ist der Charakter des Festes, die Vergegenwärtigung des im Vergleich zum Alltag „ganz Anderen", der auch dazu beitrug, dass man sich auf den Sonntag freute. Und warum soll man sich heute nicht an den Festen freuen, die man einmal erlebt hat: die eigene Hochzeit, der runde Geburtstag, ein Jubiläum. Und warum nicht in der Erinnerung auch die Hoffnung auf neue solche Augenblicke lebendig halten? Und vor allem: solche Feste bewusst neu planen?

„Vorfreude" – eine merkwürdige Besonderheit der deutschen Sprache (andere Sprachen kennen das Wort nicht, sprechen höchstens eher neutral von „Antizipation" oder Vorwegnahme). Dabei ist damit nicht nur ein temporärer Aspekt eines Gefühls, einer Erfahrung oder Emotion gemeint, die der „eigentlichen Freude" zeitlich vorgelagert ist. Es ist eine eigenständige Quelle von intensivem Genuss. Sie ist oft sogar von längerer Dauer als die Freude, auf die sie sich bezieht. Lange Vorfreude, kurzer Spaß: Das gilt nicht nur für den Kindergeburtstag, auf den sich Kinder wochenlang und leidenschaftlich vorfreuen und der dann in wenigen Stunden vorbei und vergessen ist. Das gilt auch für ein in langer Vorfreude vorbereitetes Festessen, das genossen wird, aber schnell vorbei und bald verdaut ist. Abgesehen davon: Die Vorfreude, die wir hatten, kann uns keiner mehr nehmen. Sie kann zudem in Erinnerung umgewandelt werden, nachklingen, nachgeschmeckt werden und den Wunsch nach Wiederholung stärken – und damit neue Vorfreude hervorrufen … Vorfreude und Nachfreude sind „Geschwister aus dem gleichen Blut“ (Verena Kast).

„Freu dich nicht zu früh!“ So warnen die einen. Recht haben die anderen, die sagen: Man kann nicht früh genug anfangen, sich zu freuen. Und warum soll man sich nicht selber glücklich machen?

Ein Künstler der Vorfreude war unser Freund Martin. Bei passenden Gelegenheiten – Geburtstag, Namenstag oder Weihnachten – verpackte er für sich selber ausgesuchte Geschenke in schönstes Papier, versah sie mit dem Vermerk „Für Martin“, legte sie sichtbar auf den Gabentisch und freute sich schon Tage vorher auf das lustvolle Auswickeln. Enttäuschung ausgeschlossen.

Vorfreude ist etwas Spürbares, sehr Elementares, leiblich, sinnlich erlebbar. Wir begegnen unseren eigenen Sehnsüchten und Wünschen. Diese Selbstbegegnung können wir als Freudenressource und Kraftquelle erleben. Vom bloßen Schwelgen in der Vergangenheit, in der angeblich alles schön, wenn nicht schöner, jedenfalls besser war als heute, kann man nicht richtig gut leben. Vom bloßen Realismus und einer permanent misstrauischen Vorsicht allein allerdings auch nicht. Warum sich also nicht jetzt schon auf etwas Schönes freuen, das – vielleicht, wahrscheinlich, hoffentlich – bald kommen wird? Vorspiel oder Ouvertüre? Jedenfalls ein eigenes spannendes Stück im Theater des eigenen Lebens.

Also: Vorhang auf – fürs Glück!

Perlen der Lebensweisheit

Nur wer warten kann, kann etwas erwarten.

(Karlheinz Geißler)

„Und ich habe mich so gefreut!", sagst du vorwurfsvoll,
wenn dir eine Hoffnung zerstört wurde.
Du hast dich gefreut – ist das nichts?

(Marie von Ebner-Eschenbach)

Ein Vergnügen erwarten ist auch ein Vergnügen.

(Gotthold Ephraim Lessing)

Klopf an den Himmel und freu dich auf den Klang!

(Zenspruch aus Japan)

Endlich! Die Herrlichkeit des Alters

Je älter die Geige, desto schöner der Klang.

(Keltisches Sprichwort)

Vorfreude ist schön und gut. Aber kann man sich auch aufs Alter freuen?

Vorhang auf fürs „Happy End"?

„Ihr jungen Leute, freut euch eurer Jugend nicht zu früh. Denn vor euch liegt ein langer Weg voller Tücken, bis ihr die Herrlichkeit des Lebens zuletzt erreicht …", nämlich im „magischen Leben ab 70. Da wird das Leben selbst zur Herrlichkeit." Ich musste diese Sätze in Irene Disches Buch *Großmutter packt aus* zweimal lesen und erst einmal schlucken. Dann hatte ich kurz die Idee, ihn einem Freund, der demnächst 70 werden würde und sich gar nicht auf diesen Termin freute, zum Geburtstag quasi ins Poesiealbum zu schreiben, nahm davon aber schnell wieder Abstand, als ich mir die Reaktion vorstellte. Denn er gehörte zu denen, für die klar ist (und das sind nicht wenige, wenn man sich unter Altersgenossen (m/w/d) umhört): Alt sein ist Mist. Nichts für Feiglinge.

Mir wurde klar: Selbstverständlich ist es nicht, ja sogar schwierig, über den Zusammenhang von Genießen und Alter zu sprechen. Alt werden wollen alle, alt sein nicht unbedingt. Andererseits: Wer will schon immer jung sein? Und was wäre denn die Alternative? Churchills Antwort auf die Frage „Wer will schon 90 werden?" war eindeutig: „Jeder 89-Jährige!" Leben geht bis zuletzt.

Ich diskutierte mit einem Freund, der in einem Alter ist, wo einem der Rücken etwas häufiger wehtut, und der beim Bücken stöhnte. Er erzählte, dass er auch beim Treppensteigen den Eindruck hat: Die Berge werden immer höher … Wenn die Berge höher werden, dann geht's also bald bergab? Langsam, aber sicher.

Sicher?

Als ich ihm mit dem keltischen Sprichwort kam: „Je älter die Geige, desto schöner der Klang", lachte er nur laut auf. Nicht jede Geige ist eine Stradivari, und die anderen können ganz schön dissonant ächzen, wenn sie in die Jahre gekommen sind. Als ich ihm erzählte, dass unsere Freundin Ilse sich – mit bald 100 – noch in einen Zimmernachbarn im Altersheim verliebt hatte, hatte er schnell ein drastisches Gegenbeispiel parat.

Natürlich ist es Kitsch, das Alter nur mit Ruhe, gütiger Weisheit und zufriedener Gelassenheit zu verbinden. Zu den Realitäten gehört auch: Der Radius wird kleiner. Nahe Menschen sterben. Die Kräfte lassen spürbar nach. Es gibt Einschränkungen und, schleichend immer mehr, die Wehwehchen. Da zwickt es auf einmal an ganz unterschiedlichen Stellen gleichzeitig. Da schmerzt der Rücken über Gebühr. Die Haare werden weniger (bei Männern jedenfalls). Falten graben sich immer tiefer ein. (Es gibt Menschen, die Gesichtsoperationen an sich machen lassen! Schöner sind sie danach allerdings meist nicht.)

Aber nur noch Verfall? Angst kann die Wahrnehmung schärfen, aber auch blind für anderes machen. Die, für die das Alter vor allem angstbesetzt ist, sollten vielleicht jetzt nicht weiterlesen. (Oder vielleicht doch einmal den anderen Blick wagen.)

Zunächst einmal ist klar: Es gibt keine Norm, das Alter läuft nicht bei jedem gleich ab. Wie man darauf zugeht, hängt nicht zuletzt auch davon, ob man zeitlebens eher mürrisch und negativ auf die Welt geschaut hat oder eher zufrieden und offen war für Neues – und bereit, Neuem auch eigene Bedeutung zuzugestehen. Und wie man es erlebt, hängt natürlich auch ab von der wirtschaftlichen Situation, von der eigenen geistigen und körperlichen Verfassung, vom Leben, das man hinter sich hat, von der Umgebung, mit der man lebt. Im Mittelalter waren Menschen meist um die 40, wenn sie starben. Wenn ich das Foto sehe, das zum 65. Geburtstag meines Vaters aufgenommen wurde, sehe ich heute einen alten Mann, der zeitlebens auch schwer gearbeitet hatte. Und eine Freundin erzählt von ihrer Großmutter, dass sie sich nach ihrem 50. Geburtstag nichts Neues mehr kaufen wollte, sie sei jetzt alt. (Das hat sich allerdings später wieder geändert.)

Aber es gibt auch die positive Möglichkeit: Als ich meine über 90-jährige, nach einem Schlaganfall wieder genesene Schwiegermutter einmal fragte, sagte sie: „Ich genieße mein Alter. Ich sehe alles gelassener, kenne keine Hektik, rege mich nicht über Kleinigkeiten auf. Vieles, was klappen sollte und nicht geklappt hat, erledigt sich von selbst. Ich setze mich nicht mehr unter Zeitdruck. Wenn ich an einem Morgen meine Physiotherapie habe, schaffe ich es nicht, vorher noch die Wäsche aufzuhängen. Also lasse ich es eben. Und ich sage jeden Abend: ‚Danke, dass ich einen guten Tag gehabt habe.' Ich hadere nicht. Ich genieße alles: das Hörenkönnen, Sehenkönnen, Schmeckenkönnen …" Und sie wiederholte, überzeugt: „Ich genieße jeden Tag."

Ihre Kunst: Trotz der gesundheitlichen Einschränkung, trotz des hohen Alters bewusster zu leben. „Ich freue mich, wenn ich jetzt aus dem Fenster sehe und die Spatzen beobachte, die sich im Busch streiten. Der kleine Spatz, der vorhin da saß und vor sich hin tschilpte. Ich muss nicht weit gehen, um die Schönheit sehen."

Manchmal genügt das Fenster. Um zu genießen, muss man nicht in teure Fernreisen oder Kreuzfahrten flüchten.

Zum guten Leben im Alter gehört das „Trotzdem". Und

Humor! Sogar einigen der genannten Problemfälle kann man, trotz allem, gute Seiten abgewinnen. Sogar der kritische Freund sagte: „Alt ist man, wenn man beim Schuhebinden denkt: Was könnte ich noch mit hochnehmen, wenn ich schon mal unten bin?" Und hatte nicht Yul Brunner, der berühmte Glatzkopf, gemeint: „Kahlköpfigkeit hat einen Vorteil: Es ist immer ordentlich"?

Warum sollte man sich nicht freuen, wann immer das Leben die Gelegenheit dazu bietet, und den Blick auf die Dinge, die Situationen, die Möglichkeiten lenken, die weiterhin „schön" sind? Und zwar nicht nur „noch schön", sondern schlicht und einfach „schön". Wir haben nur dieses eine Leben. Warum sollte man es nicht auch jetzt intensiv leben, sich spüren – und neue, andere Formen der Lebendigkeit entdecken?

Die Fülle des Schönen: Da sind nicht nur die Freuden der Natur. Es gibt die Freude der Alten an den Kindern – und umgekehrt. Auch dass Kinder es genießen, wenn jemand viel Zeit hat für sie. Oder Lesen: sich in andere Welten begeben, ohne das Zimmer zu verlassen und ohne Mobilitätseinschränkung. Und es gibt die Erinnerungen. Manche sehen darin geradezu das Glück des Alters: Wer viel erfahren hat, hat Erfahrung. Das hilft vielleicht zu erkennen, was wirklich wichtig ist, auch im jetzigen Augenblick. Und solche Erfahrung kann man weitergeben.

Und wenn es schon Schwierigkeiten gibt – warum soll man sich dann nicht umstellen? Wenn das Bücken schwerer fällt, was soll's? Muss man sich denn immer noch nach allem bücken? Vieles kann man jetzt guten Gewissens liegen lassen. Die Augen lassen nach. Auch wenn die Sehkraft eingeschränkt ist, kann das Verstehen wachsen und der Erfahrungshorizont sich erweitern. Eine alte Freundin (sie wurde über 100), die in ihren letzten Jahren nahezu blind war und sich ihren Humor bewahrt hatte, sagte: „Ich kenne keine hässlichen Menschen mehr. Für mich sind alle gleich jung und schön."

Und warum muss man immer noch zu den Schnellsten gehören wollen? Ist das Tempo der Welt nicht sowieso viel zu schnell, viel zu ungesund? Zeit ist ein Lebensmittel. Wer Slowfood schätzt, weiß doch, dass Genuss nicht an Schnelligkeit gebunden ist. Es geht darum, allen Aromen nachzuschmecken. Gerade jetzt.

Im Vergleich zu früheren Lebensphasen haben wir jetzt ja mehr Zeit für uns selber. Zeit, in der man nichts leisten, nicht effizient sein muss, immer dem Imperativ folgend, das System am Laufen zu halten. Das ist vorbei. Und die neue Muße kann so wohltuend sein wie eine Renaturierung eines Flussbetts: Wo früher alles ausbetoniert, alles zum Zweck der Beschleunigung begradigt war, da ist es jetzt einfach langsamer und der eigenen Natur angemessener. Man kann jetzt neu und anders in Fluss kommen, nach eigenem Rhythmus. Am Zeitufer sitzen, Zeit genießen, indem man ihr beim Vergehen zuschaut. Das kann durchaus heißen: Langsamkeit bewusst leben. Sich treiben lassen. Ausruhen, träumen, vielleicht auch einmal ziellos dösen – warum nicht?! Ein 80-Jähriger konstatiert: „Früher habe ich es gehasst, älter zu werden, weil ich dachte, ich könnte dann all die Dinge nicht mehr machen, die ich tun wollte. Jetzt, wo ich älter bin, stelle ich fest, dass ich sie gar nicht mehr tun möchte."

Die eigene Zeit kann jetzt eine neue Qualität bekommen. Die 102 Jahre alte Gladys McGarey, eine amerikanische Ärztin, sagte in einem Interview: „Man kann sich Dinge vergeben, die man sich vorher nicht vergeben konnte. Man kann seinen Platz im Leben akzeptieren." Auch lange eingeübte Zwänge oder Rücksichtnahmen fallen jetzt weg, eine neue Freiheit kann unbeschwert und lustvoll gelebt werden: Narrenfreiheit? Warum nicht? Also, jeden Tag aufs Neue: sein dürfen.

Was heißt „Altersweisheit"? Weisheit meint jedenfalls auch: sich der Wirklichkeit anzupassen und zu versuchen, das Beste aus den Veränderungen zu machen. Die Kräfte werden weniger, aber mit den Kräften kann man neu umgehen. Es muss nicht mehr die ganze Welt offenstehen. Man kann sich den Menschen um einen herum intensiver widmen und sich stärker auf sie einlassen. Und warum sollte man das Bäume-Ausreißen nicht einfach anderen überlassen.

Anfangen zu leben. Jeden Tag. Das beginnt möglicherweise schon am Morgen: sich beim Aufstehen freuen, wenn man gesund ist, die Vögel im Morgengrauen hören kann, den ersten Blick aus dem Fenster ins Grüne tut, die frische Luft schnuppert, die Sonne scheinen sieht, ein freundliches Wort zu seinem Mitmenschen sagen kann und eine freundliche Antwort erhält, den Kaffeeduft riecht, die Frühstücksmarmelade schmeckt. Ein neuer Tag fängt an, und ich bin dabei!

Endlich leben. Alle Lust am Leben kommt auch vom Anfangen. „Alt sein ist eine herrliche Sache, wenn man nicht verlernt hat, was anfangen heißt" (Martin Buber). Nicht jeder wird unbedingt große Aktivitäten entfalten wollen. Aber mit seiner Zeit etwas anfangen, das geht wirklich jeden Tag.

Lebendigkeit ist keine Frage der Jahre, sondern eine Frage der Lebenszustimmung: dankbares Ja zu dem, was da ist. Und wenn das ganze Leben ein Konzert ist, dann ist jetzt die Zeit der Zugabe, hat jemand gesagt: Alter als ein besonderes Geschenk also. Wenn das ganze Leben ein Menü ist – dann hat jetzt gewechselt, was auf der Karte steht. Dann ist der Gang, der jetzt ansteht, die Nachspeise.

Sich nicht sorgen – wie die Blumen des Feldes. Die Bachmannpreisträgerin Helga Schubert, über 80, hat es mit einem Vers aus dem Matthäus-Evangelium ausgedrückt, den sie einem Buch voranstellt, in dem durchaus auch von den Sorgen und Plagen des Alltags die Rede ist: „Darum sorgt nicht für den andern Morgen; denn der morgende Tag wird für das Seine sorgen." Also: Die Sorgen nicht verdrängen, aber sich nicht von ihnen bestimmen lassen.

Natürlich gibt es auch Bitteres, schmerzliche Erfahrungen und Verluste. Wer – wieder: trotzdem – dankbar sein kann in der Erinnerung an das Positive, das es auch gab, wird darüber nicht verbittern. Der Zeitforscher Karlheinz Geißler hat geraten, die Endlichkeit des Lebens so gelassen zu akzeptieren wie die Tatsache, dass die Sonne nicht den ganzen Tag scheint und die Bäume im Herbst ihre Blätter verlieren. Gelassenheit besagt: Es kommt, wie es kommt. Gelassene Akzeptanz dessen, was ist, lässt Raum für Freuden und für Lebendigkeit – zu wissen: Man kann sein Leben nicht verlängern, aber vertiefen: eben durch Erinnerung, durch Dankbarkeit.

Wieder eine Erinnerung an meine 91-jährige Schwiegermutter: Was das Geheimnis ihrer Gelassenheit war? „Zur Gelassenheit kann man, muss sich immer auch entscheiden", meinte sie, und: „Dankbarkeit hilft dabei. Ohne sie wäre das Leben hoffnungslos." Auch das Vertrauen in das Kommende, die Hoffnung ist also wichtig. Es ist nicht anders als früher: Das Leben liegt *immer* hinter einem – und *immer* vor einem. Schön ist, wenn man das kann: gerade auch jetzt das Leben, das vor einem liegt, zu feiern – auch wenn man es nicht kennt.

Auch in der naturverbundenen Lebensgelassenheit des östlichen Meisters Ryokan kommt diese Fähigkeit zum Ausdruck: „Mein Vermächtnis – was wird es sein? / Die Blumen im Frühling, / der Kuckuck im Sommer und / die dunkelroten Blätter des Herbstes."

Das Leben – mit all seinen Jahreszeiten – eine Herrlichkeit, so wie die Zeiten im natürlichen Rhythmus des Jahres? Wer das so sehen kann, wird auch sagen können: Das Leben ist ein Festmahl. Jeder Gang ist anders, jeden kann man genießen. „Aber auch das größte Festmahl hat einen letzten Gang", heißt es in China. Mehr geht nicht.

Wie es dann weitergeht? Wer weiß? Man darf gespannt sein – und hoffen: auch wenn wir es jetzt nicht wissen und nicht verstehen. Wie der 80 Jahre alt gewordene Lyriker Wolf Wondratschek, der in seinem letzten Gedichtband über die Erwartungen angesichts des Todes schreibt: Wir „werden uns in alles, was wir / nicht verstehen, verlieben".

Hoffentlich.

Perlen der Lebenskunst

Falten machen sichtbar, wo dein Lächeln war.

(Mark Twain)

Nicht der Mensch hat am meisten gelebt,
der am ältesten ist und am meisten Jahre zählt,
sondern der, welcher sein Leben am meisten
empfunden hat.

(Jean-Jacques Rousseau)

General Charles de Gaulle, auf die Frage,
wie er zu sterben wünsche: „Lebend!"

Wie seltsam ist es,
denselben Jahrgang zu haben wie alte Leute.

(Martin Suter)

„Wie viele Jahre hast du?"
„Lass los!", sagte der Zenmeister.

(Japanisch)

Das ist das Geheimnis der Gnade: dass es nie zu spät ist.

(François Mauriac)

Gute Nacht! Vom Schlafen und Träumen

Von allen Gnaden und Segnungen
der Natur ist der Schlaf das Beste.

(Aldous Huxley)

Ist es möglicherweise das Alter? Warum macht mir Müdigkeit eigentlich immer ein schlechtes Gewissen? Ich weiß doch: Wer sie nicht ernst nimmt und in der Folge übermüdet oder unausgeschlafen ist, macht Fehler und ist zu nichts zu gebrauchen, nicht zur Arbeit und nicht zum Genießen. Schlaf dagegen ist mehr als nur Unterbrechung des Tagwerks. Müdigkeit ist noch kein Zeichen von Schwäche. Es gibt doch kaum Schöneres, als nach einem erfüllten, gerne auch anstrengenden Tag richtig müde zu sein. Und herrlich die Vorstellung, dass man gleich ins Bett fallen kann und einfach nur schlafen darf. Ohne Wecker, so lange, bis man erholt wieder aufwacht. Schon der Gedanke daran entspannt. Und nur natürlich ist die Vorfreude darauf, dass man nach einer guten Nacht und einem tiefen Schlaf wie neugeboren sein wird.

Solcher Schlaf kann Wunder wirken und ein Fest sein, Frieden und Erquickung, ja ein Segen. Thomas Mann legt in seinem Roman dem biblischen Joseph voll orientalischer Phantasie segensreiche Gute-Nacht-Wünsche in den Mund, 360 verschiedene im Jahr: Der wünscht als Sklave seinem Herrn Erfrischung, Frieden und Süßigkeit: „Möge die Nacht dich in sanften Armen wiegen und dein Haupt entschlummern an ihrer Brust, friedesüß, wie dein Kinderhaupt einst am Herzen der Mutter!“ Oder: „Möge deine ermattete Zunge geletzt werden von den murmelnden Quellen der Nacht!“

Guter Schlaf kann all dies bewirken. Er gibt neue Kraft. Er fördert die Gesundheit, er ist präventiv und hilft gegen alles Mögliche. Im Schlaf, so sagen Mediziner etwa, können Stoffwechselprodukte, die die Entstehung einer Alzheimer-Krankheit begünstigen, vom Körper entsorgt werden. Kann sein – aber das ist nicht das Entscheidende.

Grundsätzlich: Der Mensch ist nicht nur zur Aktivität geboren, nicht nur fürs Schaffen da und zum permanenten Wachsein, zur Anspannung. Und noch grundsätzlicher: Auch Ausruhen und Schlafen sind menschliches Bedürfnis, natürliche Notwendigkeit und lustvolles Vergnügen. Es gehört zu unserer Natur. Unser Körper braucht Ruhe, und unser Geist auch.

Es stimmt nicht, was eine auf Arbeitsethik reduzierte Lebensauffassung nahelegt: Der Schlaf sei ein Dieb, der uns die Hälfte unseres Lebens stiehlt. Das sagt man im protestantischen Schweden. Das Gegenteil ist wahr: Schlaf macht die andere Hälfte des Lebens erst erträglich und möglich. Im katholischen Süden weiß man es anders: „Wer die Nacht nicht ehrt, ist des Tages nicht wert", so ein Sprichwort aus Italien.

Nicht nur der Volksmund kann irren, auch große Geister können sich täuschen: Immanuel Kant nannte den Schlaf einmal „genuss- und tatenleeres Drittel im Leben". Guter Schlaf ist lebensnotwendig. Und er ist keineswegs genussleer. Ja gerade die Tatsache, dass dieses Drittel „tatenleer" ist, kann der Grund für seinen Genusscharakter sein: nichts tun müssen, sich dem Nichtstun, dem Seinlassen übergeben, sich lösen vom Aktivismus, den Zwang zum Wachsein aufgeben können, sich lockern, schlaff werden dürfen – das ist ja die Voraussetzung dafür, dass man wieder in die Aktivität gehen kann.

Zum Glück widerspricht Kant sich selber. Denn er ist es, von dem auch die Einsicht stammt: „Der Himmel hat den Menschen als Gegengewicht für die vielen Mühseligkeiten drei Dinge gegeben: die Hoffnung, den Schlaf und das Lachen."

Damit steht er in einer großen Tradition. Auch Thomas von Aquin hat ja den Schlaf unter die großen Tröstungen des Menschseins gezählt. In einer gelehrten Abhandlung widmet er sich der Frage: „Werden Schmerz und Trauer durch Schlaf und Bäder gemildert?" Und er kommt zu der Antwort: „Bett und Schlaf sind wirkliche Heilmittel. Sie wirken über den Körper auf die Seele. Weil durch das Heilmittel des Schlafs die Natur in ihren wahren Zustand zurückversetzt wird, verursacht dies Lust. Da nun jede Lust die Trauer mildert, wird auch durch dieses körperliche Mittel des Schlafs die Trauer gelindert." Der Kirchenvater Augustinus hatte lange vor Thomas Ähnliches berichtet: „Ich schlief ein und bin wieder aufgewacht, und ich fand meinen Schmerz gar sehr gemildert."

Unser Alltag ist unruhig. Tag und Nacht bestimmen nicht mehr als selbstverständliche natürliche Rhythmen unseren Alltag. Aber gerade weil das so ist, weil die Natur nicht mehr selbstverständliche Taktgeberin ist und weil die Pflichten, wirkliche oder eingebildete, uns permanent umzingeln, ist der Schlaf so wichtig.

Eine Statistik zeigt: 8,2 Stunden schläft ein Deutscher durchschnittlich täglich bzw. nächtlich. Davon träumt er durchschnittlich 1,5 Stunden täglich/nächtlich im Schlaf. Ein Baby braucht 18 Stunden Schlaf. Manche Menschen schlafen zwölf Stunden, andere – seien sie nun besondere Tatmenschen wie Napoleon oder einfach nur ältere Menschen – brauchen nur vier oder fünf. Jugendliche haben einen anderen Rhythmus als Erwachsene. Es gibt keine feste Norm, wohl aber unterschiedliche Erfahrungen. Wir leben ja nicht nur untertags unterschiedlich, sondern auch über Nacht – aber jeweils anders.

Wenn Schlafen Genuss ist, sind unstrittig Schlafstörungen das Gegenteil davon. Was auch immer den Schlaf stört und schuld ist: Experten sprechen von über 50 verschiedenen Schlafstörungen. Aber eine genügt schon. Wenn man etwa eine schlaflose Nacht hinter sich hat: Da liegt man nachts im Bett und dreht und wälzt sich, sieht sich von Sorgen umstellt und kann nicht einschlafen. Eine Qual. Man ist davon den ganzen nächsten Tag noch mitgenommen. Schon die Vorstellung ist schlimm: Schlafentzug als Foltermittel – wenn bewusst und in zermürbender Absicht verhindert wird, dass jemand einschläft oder seinen natürlichen Schlafrhythmus findet, führt das zu Bewusstseinsstörungen, Angstzuständen und verheerenden seelischen Qualen: eine unmenschliche Brutalität.

Die großen alten Kulturen kennen den Heilschlaf. In der Stille des Schlafes kann man wieder in Balance mit sich selber, ja zu sich selber kommen. Die Griechen und die Römer kannten und verehrten einen Gott des Schlafes. Die Juden kennen einen eigenen Engel, der für Schlafstörungen zuständig ist. Und die Erzengel Michael, Gabriel, Uriel und Rafael behüten nach jüdischem Glauben die Schlafenden. Bei den Denkern des Ostens wird der Schlaf zuweilen als der eigentliche, wahre Zustand des Menschen dargestellt, als Zustand, in dem Individuum und Universum eins sind – zu Hause. Zhuangzi, chinesischer Philosoph und Meister der Spiritualität, schrieb im 4. Jahrhundert unserer Zeitrechnung: „Alles ist eins; im Schlaf ist die Seele ungestört, sie ist aufgenommen in diese Einheit; im Wachen hingegen ist sie abgelenkt und sieht die verschiedenen Gegebenheiten der Welt."

Wie erreicht man nun diesen Zustand? Rituale können Kindern und Erwachsenen helfen, den Schlaf vorzubereiten. Der Rat der Experten lautet auch: Gestalte deinen Feierabend so, dass du dich darauf freuen kannst. Zieh eine Grenze zum beruflichen Stress. Wichtig ist es, auszusteigen aus dem Tempo des Alltags: ruhig werden, langsam werden, die Spannung im Körper loslassen, sich öffnen für die Nacht.

Der Tag mag den Reichen gehören, aber die Nacht gehört den Glücklichen (Nestroy). Und den Träumern. Träume versprechen nicht nur, sondern sie sind eine andere Zeit. Sie rechnen nicht in Fakten, sondern denken in Möglichkeiten und probieren etwas anderes, vertrauen darauf. Träume machen lebendig, erwärmen das Herz, nähren Kraft und Energie, speisen die Hoffnung und trösten: Alles kann anders werden. Alles kann neu anfangen. Anders denken, anders leben – all das ist möglich im Traum. Kein Ziel ist da unerreichbar. Wer träumt, darf sich was wünschen – und darüber nachdenken, wie er es sich erfüllen kann. Aber nicht mehr heute. Morgen ist auch noch ein Tag.

Welch ein Genuss: wenn man dann gut ausgeschlafen hat und aufwacht. Sich die Erholung bewusst machen. Sich dehnen und mit geschlossenen Augen strecken. Dreimal gähnen. Das Kopfkissen umarmen. Und sich noch einmal kurz umdrehen und genießen.

Allerdings gilt auch: „Dein Bett mag noch so groß sein. Noch so weich. Und noch so warm. Du musst raus." (Grace Slick)

Perlen der Lebenskunst

Morgens die Sonne erwarten, abends die Nacht.
Sonst nichts. Das ist alles.
(Peter Altenberg)

Dass wir nicht noch kranker und noch verrückter sind, als es ohnehin der Fall ist, verdanken wir ausschließlich jener gesegneten und segensreichsten aller natürlichen Gaben, dem Schlaf.
(Aldous Huxley)

Die Nächte lehren viel, was die Tage niemals wissen.
(Persische Weisheit)

Ich reise so ziemlich jede Nacht nach Indien – sehr preisgünstig!
(Tenzin Wangyal Rinpoche, ein tibetischer Weiser)

„Was ist der Weg zum Glück?", wurde der Dalai Lama von einem Jünger gefragt.
Seine Antwort: „Guter Schlaf und gutes Essen!"

Der Schlaf ist wie ein Mantel, der alle unnützen Gedanken zudeckt. Er ist wie ein Gericht, das den Hunger vertreibt. Er ist das Wasser, das den Durst vertreibt. Das Feuer, das die Kälte warm macht. Die Kälte, die die Hitze mäßigt. Kurz: Der Schlaf ist wie die Münze, für die man alles kaufen kann.

(Miguel de Cervantes, Don Quijote)

Letztendlich: Dankbarkeit ist ein Schlüssel

Gott, ich danke Dir für das, was Du mir gegeben,
und für das, was Du mir nicht gegeben hast.

(Persisches Gebet)

„Alles gut gegangen! Das muss gefeiert werden!" Plötzlich lag dieser Zettel im Briefkasten, farbig und schön gestaltet, mit einem anatomisch korrekt gezeichneten Herzen: eine Einladung zum Gartenfest. Was die meisten von uns gar nicht mitbekommen hatten: Ein weiter unten in der Straße lebender Nachbar hatte vor einem halben Jahr eine Herzoperation überstanden. Glücklich und dankbar wollte er nicht nur mit seiner Familie feiern. Es wurde ein langes spätsommerliches Fest, unter dem großen Apfelbaum, mit vielen kleinen Kindern, die bunt geschminkt und verkleidet zwischen den Erwachsenen herumwuselten, in einer heiteren Atmosphäre. Es gab frische Pizza, reichlich Getränke, die Tische bogen sich, und der Abend wurde lang. Da war aber auch eine ganz besondere Verbundenheit unter allen, die da waren – als ob allen auf einmal bewusst geworden wäre, wie wertvoll das Leben ist.

Die Corona-Epidemie hat noch einmal gezeigt, dass wir abhängig sind: von der Natur, von unseren Mitmenschen, nicht zuletzt von der Kreativität der Forscher. Gesundheit und Leben, sie sind nicht selbstverständlich. Nicht nur das Leben wurde uns „geschenkt", auch unser Überleben hängt – von Geburt an – ja immer von anderen ab. Wer schwer krank wurde, wird dafür kaum dankbar sein – wohl aber für die Möglichkeiten der modernen Medizin und die Kunst der Ärzte. Und wenn ich trotz schlechter Prognosen wieder gesund werde, kann ich das Gefühl haben: Geschenkte Jahre! Und neu – vielleicht zum ersten Mal und überwältigend – spüren: Leben ist Geschenk, jeden Tag. Und dass ich das genießen kann, ist überhaupt nicht selbstverständlich! Und was ist nicht schon alles „gegeben" und vorausgesetzt, noch bevor wir selber etwas zustande bringen?

Die Seele nimmt auf die Dauer die Farbe der Gedanken an, heißt es. Selbst eine Krise kann eine Zeit des achtsamen Wahrnehmens, des Nachdenkens sein. Und sie kann gut tun. Denn auch eine schwierige Situation kann Gelegenheit werden, anders auf das Leben zu schauen und dann der Wirklichkeit eine andere, bessere Wendung zu geben.

Alles – auch Dankbarkeit – ist eine Frage der bewussten Wahrnehmung, der aktiven Aufmerksamkeit. Dichter haben darüber geschrieben. In dem langen Poem *Weiteres Gedicht von den Gaben* von Jorge Luis Borges kommt der überbordende Reichtum des Lebens zum Ausdruck. Das Zwischenmenschliche, das Geheimnis der Natur, auch die Gnade – alles hängt für den poetischen Blick geheimnisvoll zusammen: Borges dankt – unter vielem anderen – „für die Liebe, die uns die anderen sehen lässt, wie die Gottheit sie sieht". Er dankt für das Brot und das Salz, für das Mysterium der Rose, die Farbe spendet und sie nicht sieht, für die Kunst der Freundschaft, für die Erfahrung von Verbundenheit und Solidarität – auch in einem ungewöhnlichen Blick auf Golgota: „für die Worte, gesprochen in einer Dämmerung von einem Kreuz zum anderen!"

Ein anderer Dichter, Hans Magnus Enzensberger, dankt in dem Gedicht *Empfänger unbekannt* ... nicht nur für die Wolken, für das wohltemperierte Klavier und für die warmen Winterstiefel: „Vielen Dank für mein sonderbares Gehirn / und für allerhand andre verborgne Organe, / für die Luft, und natürlich für den Bordeaux."

Es kann, aber muss nicht Bordeaux sein. Vieles kann einem einfallen, was gar nicht spektakulär, aber da ist und das Leben verschönert, was uns eingewoben sein lässt ins Ganze des Lebens, was Halt gibt, Lust am Leben macht und Leichtigkeit, Gelassenheit und innere Freiheit ermöglicht. Ich kann dankbar sein, wenn ich am Morgen die Augen aufmache und spüre: Ich bin gesund und ausgeruht, ich kann sehen, hören und mich bewegen. Ich genieße die Dusche und bin dankbar, dass ich warmes Wasser habe. Der erste Schluck Kaffee ist immer besonders gut, aber auch die frischen Brötchen, gerne mit Mohn oder Körnern. Sie verbinden mich mit dem Bäcker um die Ecke bis hin zum Kaffeebauern in einem weit entfernten Land. Und wenn ich beim Frühstück die Zeitung lese, bin ich – wenn ich mir das bewusst mache – mit den Menschen verbunden, die das Chaos der Weltneuigkeiten sortiert und journalistisch aufbereitet haben, aber auch mit dem Austräger, der die Zeitung in der Dunkelheit schon in den Briefkasten gesteckt hat. Und noch bei der Lektüre der Nachrichten aus aller Welt überfällt mich – nicht immer, aber doch manchmal – die Dankbarkeit dafür, dass wir seit Jahrzehnten hierzulande keinen Krieg haben, dass wir nicht unter der Willkürherrschaft einer Diktatur leben, dass wir – zumindest die meisten von uns – ein Dach über dem Kopf haben und nicht hungern müssen, auch dass es eine Infrastruktur gibt, die in aller Regel funktioniert und das Leben erleichtert. Dankbarkeit meint ja nicht saturiertes Zufriedensein mit allem, was ist oder war. Sie stumpft nicht ab, sondern sensibilisiert auch für das, was nicht gut und nicht schön ist. Und sie macht auf den Wert dessen aufmerksam, was ich oft genug gedankenlos einfach als Selbstverständlichkeit voraussetze. Ich erinnere mich immer wieder an den Ausspruch von Ruth Pfau, die aus dem Entwicklungsland Pakistan nach Deutschland kam und den verdrossenen Wohlstand hier sah: „Wenn sie es wenigstens genießen könnten …!“

Gutes Essen, soziale Sicherheit, Gesundheit kann ich genießen und dafür dankbar sein. Genauso, wie ich Musik höre und mich daran freue, sie genieße – gleichzeitig dafür dankbar, dass sie geschrieben wurde und dass jemand sie so souverän spielen und zu Gehör bringen kann. Ja sogar für schlechtes Wetter kann man dankbar sein, selbst dafür. Henri Nouwen schreibt in seinem Klostertagebuch *Ich hörte auf die Stille* über eine Begegnung mit dem Trappistenbruder Elias: „Er sagte, jeder Wetterumschwung in diesem oft rauen Klima sei gut – guuuuut sagt er –, weil das die Sehnsucht nach Gott vertiefe." Bruder Elias: „Wenn die Sonne immer scheint, dann vergisst man, dass sie ein Geschenk Gottes ist, und man beachtet sie nicht mehr."

Dankbarkeit ist ein Augenöffner. Alles wird kostbar unter diesem Blick. Ich sehe mich in Beziehung und spüre mich, aber anders als ein Narziss, der nur sich selber spürt. In der Selbstrelativierung kann ich Verbundenheit erfahren und ganz bei mir sein, über meine Grenzen gehen, mich zwar intensiv spürend, aber gerade nicht am Ich klebend. Und das fühlt sich richtig an und gut.

Momente der Dankbarkeit können einen konkreten Auslöser haben und sich doch auf alles, aufs Ganze beziehen. Da steht zum Beispiel jemand im Urlaub im Kreuzgang einer romanischen Kirche in Frankreich – und ist wie überwältigt, beseligt von der Schönheit dieses offenen Raumes. „Die rhythmisierten Galeriewände, durchlässig dank der Doppelsäulen mit ihren individuellen Kapitellen, umgeben mich, schön wie Musik. Und der Blick geht ins Offene. Über mir blauer Himmel und Wolken. Plötzlich ein Gefühl von Geborgenheit und zugleich eine Sehnsucht, die ins Unendliche reicht, und gerade in diesem Moment spüre ich: Es gibt einen Anker, einen festen Punkt, einen Ausgangspunkt in mir. Während ich diesen Punkt körperlich spüre – im Herzen –, fühle ich gleichzeitig diese Bewegung ins Weite." Die Autorin spricht von einem „Glück, das keinen Anlass braucht, nur die Ruhe, dahin zu spüren. In dieser Grundlosigkeit ist es verlässlich, Dankbarkeit steigt auf – Dankbarkeit für genau diesen Moment" (Elisabeth Seidler, in: *einfach leben*, Thema: Dankbarkeit).

Solche Momente der Dankbarkeit sind sicher nicht alltäglich. Aber wenn man sie erlebt, sind sie schön. Sie tun auch gut. Dankbarkeit – und das unterscheidet sie vom Genießen – öffnet bei alldem freilich immer noch eine andere, eigene Dimension.

Sie verhindert, dass ich bei mir selber stehen bleibe und mich in den Genuss einschließe. Sie ist ein Generalschlüssel, der die geschlossene Tür der Ichbezogenheit aufsperrt.

Und wenn ich etwas bewusst genießen kann, weil ich es als schön erfahre und weil es mir gut tut, dann stärkt das auch die Ahnung, dass das Leben – insgesamt – vielleicht doch ein Geschenk ist, für das wir dankbar sein können.

Die Frage: Wofür – und wem – bist du eigentlich dankbar? macht uns bescheidender. Aber sie kann auch einen Weg zu innerer Zufriedenheit, zu vertieftem Erleben, zu Lebensfreude, ja zum Glück öffnen. Vielleicht liegt hier der Grund, warum David Steindl-Rast sagen kann: „Wer dankbar ist, kann nicht unglücklich sein."

Perlen der Lebenskunst

Dankbarkeit und Liebe sind Geschwister.

(Christian Morgenstern)

Die Wurzel der Freude ist Dankbarkeit. Es ist nicht die Freude, die uns dankbar macht. Es ist Dankbarkeit, die uns Freude macht. Freude macht uns lebendiger, kräftiger, verbindet uns mit den anderen.

(David Steindl-Rast)

Der undankbare Mensch hat immer zu wenig.
Es ist ihm nie genug, was er bekommt.
Der Dankbare aber hat immer etwas,
für das er danken kann. Bei ihm strömt das Leben.
Die Dankbarkeit hält es im Fluss.

(Anselm Grün)

Wer dankbar ist, kann nicht unglücklich sein. Er weiß, dass er in Verbindung ist mit anderen, einbezogen in ein Netzwerk von Geben und Nehmen, dass er zu anderen zugehörig ist. Und er sagt Ja dazu: Dieses Ja ist das Wesen der Liebe.

(David Steindl-Rast)